在日異人伝

咸鏡北道
両江道
慈江道
咸鏡南道
平安北道
平安南道
平壌
江原道
軍事境界線
黄海北道
黄海南道
京畿道
江原道
ソウル
仁川
忠清北道
忠清南道
慶尚北道
大邱
全羅北道
光州
慶尚南道
釜山
全羅南道
済州道

目次

はじめに

「異人」という漢字熟語はもちろん日本だけでなく、中国語圏や朝鮮半島などでも共有されている。略体字では「异人」、ハングルでは「이인《イイン》」だ。「異人館」といった言葉が示す通り、日本語での「異人」は外国人を指すことが多い。また平均や主流からの逸脱を示唆する字面は、ネガティブなイメージも漂う。だが「異人」が持つ本来の意味は、すぐれた「異才」「異能」の持ち主といった肯定的なニュアンスも含んでいる。

本書はそんな「異人」たちの足取りに焦点をあてた。「在日」という言葉も「在日華僑」「在日米軍」など多様な層を含むが、ここでは朝鮮半島にルーツを持つ人々に絞っている。

もちろん「在日韓国・朝鮮人」「在日コリアン」と呼ばれる人たちも一様ではない。自身や親の国籍ないし出生地、またそのルーツに対する考え方も百人百様だ。だがここに取り上げた人々の生き様はみな、日本という環境とその近現代史を写す鏡になっている。

人選は、それぞれの年代や活動のフィールドが分散するよう意図した。登場する人々は何らかの形でその稀有な生き様が日本のメディアに取り上げられたという以外、特別な共通点はない。また本文中では敬称略とさせていただいた。

序章◉

「噂」の背後に横たわる歴史

焼肉店「食道園」に通ったセレブたち

美空ひばりが在日韓国・朝鮮人だったという噂がある。昭和を知る世代には説明不要だが、美空は一九三七年生まれの女性歌手。一九四九年に一二歳でデビュー、早くから天才的な歌唱力で芸能界を代表するスターとなった。昭和が終わった一九八九年六月、五二歳の若さで世を去った。

美空は一〇代だった頃、マネージャー役の母親につき添われて大阪の人気焼肉店「食道園」をしばしば訪れた。美空はその際、決まってサングラスと大きなマスクで変装していたといわれる。

日本式焼肉の元祖といわれる食道園は、平壌《ピョンヤン》生まれの林光植《イムグァンシク》が戦後間もなく始めた店だ。林は後に日本国籍を取得し、江崎光雄と名のった。

食道園はまた美空のほか、力道山が足繁く通ったことでも知られる。力道山は、一九五〇～六〇年代に国民的人気を博したプロレスラーだ。生まれ故郷での名前は、金信洛《キムシルラク》。出身地は現在の北朝鮮に位置する咸鏡南道《ハムギョンナムド》だ。力道山も一九五一年に日本国籍を取得し、百田光浩が本名となった。それまでの金信洛という名前が広く世に知られたのは、力道山の没後一〇年以上経ってからのことだ。生前の力道山は、半島の出自を知られないよう常に警戒していた。

力道山のプロレスデビューを仕切った興行師は、美空の公演を手がけたこともある。一九五五年に公開された力道山の伝記映画の主題歌を歌ったのも美空だ。

力道山は美空と親交があったことも知られている。元夫人の田中敬子は力道山が美空を妹のようにかわいがったと言い、「ひばりは俺に惚れてたんだぞ」とうそぶいていたとも伝えている。

「疑惑」をめぐる論争

美空が変装して焼肉店に通ったのは、朝鮮料理を好むことを知られると半島の出自がばれると思ったからではないか――。力道山との親交、そして焼肉店通いのサングラスと大きなマスクなどから、こんな連想をすることはたやすい。

ただしこの「疑惑」は過去に週刊誌で検証され、事実無根と報じられている。美空が他界した一九八九年、韓国の週刊誌が「美空の父親は韓国人」と報じた。これに対して『週刊文春』は、同年八月一〇日号で関係者の証言を拾い集めている。「『美空ひばりの父は韓国人』はどこまで本当か」と題した記事がそれだ。美空の父親は一九一二年生まれ。郷里の関係者によると、栃木県で代々農業を営む家に生まれたという。記事によれば韓国側で固く信じられている「韓国人説」の根拠は、結局見つからなかった。美空の母親もこの噂を一笑に付したとされている。

美空が半島の血を引くという根拠はなかった。だがこうした噂が事実だった例は、ほかにたくさんある。先に挙げた力道山もそうだし、一九七〇~八〇年代の人気俳優、松田優作も他界後に親族らが明らかにした。また根強い噂を本人が裏づける場合もある。和田アキ子は父親が没した翌年の二〇〇五年、週刊誌で国籍や家族に関する話をした。和田もデビューからほどなく国籍を日本に移しており、再婚を経た現在の本名は飯塚現子という。

「国民的歌手」の条件

なぜ彼らは日本名を名乗り、日本人という素性を公式なプロフィールとしたのか。

一九六九年、雑誌『週刊平凡』に「〝韓国人の夫〟をもった都はるみの母・松代さん（五〇歳）の屈辱と忍耐の二三年」という記事が載った。都は一九四八年生まれの人気女性演歌歌手。デビューした一九六四年に日本レコード大賞新人賞を受賞し、早くからスター歌手として親しまれている。この記事が載るまで、父親が日本人でないことは知られていなかった。

父親の李正次は在日韓国人。母親の北村松代は日本人だが、夫の出自のせいで日本社会から徹底的に排除されたと語っている。「長女の春美（都はるみ）が生まれた（23年2月22日）。するとまた『韓国人の子なんか生んで！』という非難が、松代さんに突きささった」「しかし、周囲の屈辱的な非難を体で感ずるたびに、松代さんのなかにひとつの悲願のような気持ちが固まっていった。〈いまにみろ。この切ない気持ちをいまに晴らしてみせる。それは、子をなんとかして雲の上に乗せることだ〉」。

右の記事が出てから七年後の一九七六年、大ヒット曲「北の宿から」で都は日本レコード大賞にノミネートされる。すると『週刊サンケイ』は「レコード大賞も最右翼 都はるみの〝否・国民的歌手〟の部分」と題した記事で、父親の出自について取り上げた。記事は都が美空ひばりのような「国民的歌手」にはなれないという主張に五ページを割き、「都はるみが『李春美』という名前で生まれていることも付け加えておかなければならないだろう。父親の李正次さんは韓国人である」と書いた。都は後の雑誌インタビューで、父親の国籍に絡めて「あんなものに日本レコード大賞をやってもいいのか」というバッシングを受けたと振り返っている。

「あの有名人は朝鮮人ではないか」という噂自体、暗黙のうちに不可視となっている集団の存在を強く意識している。噂の主の多くは、均質な日本社会という演出に協力することで共存を認められてきた。だが都の母親のようにその枠組みからはみ出したとたん、「あんなものに日本レコード大賞をやってもいいのか」という白血球のような排除の仕組みが作動するわけだ。

力道山、松田優作、和田アキ子らも、日本の名前で日本国籍を取得している。煩雑な申請手続きが必要とはいえ、名前や国籍は法的な手段で変更可能だ。

ただし自分を生み育てた肉親の生涯やその心情まで、書き換えることはできない。受け止め方は百人百様だが、一連のできごとの土台には半島と日本の間に横たわる一〇〇年近い歴史がある。その概略について、あらかじめここで簡単に辿っておこう。

帝国臣民に組み入れられた朝鮮人

一八八二年創刊の『日本帝国統計年鑑』によると、同年に日本国内で記録された朝鮮人在留者数は四人。それが一九四五年八月には、二〇〇万人ないし二四〇万人の朝鮮人が日本に住んでいたといわれる。ちなみに法務省の在留外国人統計によると、二〇一七年六月時点の在日韓国・朝鮮人は約四八万五〇〇〇人だ。

大陸進出をうかがっていた明治政府は、その足がかりとして朝鮮半島に食指を動かす。当時の半島は五〇〇年続いた朝鮮王朝の統治制度が疲弊を極め、産業の停滞、行政の腐敗、流亡民の続出などで緩やかに崩壊しつつあった。日本は一八七六年、朝鮮との武力衝突＝江華島事件を口実に日朝修好条規を締結。日本側に数々の特権を認めたこの不平等条約で、朝鮮の支配に乗り出す。

さらに日本は一九〇五年、朝鮮を事実上属国化する乙巳保護条約を締結。同年に日本の統治機関である統監府が首都漢城《ハンソン》（後のソウル）に設けられ、朝鮮は独立国としての立場を失った。続いて一九一〇年の日韓併合で一切の統治権が日本へ譲与され、国権を完全に失った朝鮮は実質的に植民地となる。日本人による朝鮮の統治機関となったのは、統監府を前身とする朝鮮総督府だ。

同時に朝鮮を母国としていた人々＝朝鮮人は、当人の意思と関わりなく日本国籍を持つ帝国臣民に組み入れられた。もっとも法的に日本人と同等の立場が与えられたわけではなく、戸籍、司法、徴兵など制度上の扱いは異なっている。

渡日者の急増と労働市場

乙巳保護条約の前年、一九〇四年に記録されている日本国内の朝鮮人在留者数は二三三人。日朝修好条規で始まった日本との外交関係を処理する官吏のほか、日本で近代の知識を学ぼうと訪れる留学生が多くを占めたようだ。統監時代と日韓併合を経た一九一一年には、一〇倍超の二五二七人。そして一九二四年になると、約一一万八〇〇〇人と一気に急増している。

日韓併合以前から、朝鮮人労働者を日本の工事現場などで働かせる事業が試みられていた。工業化で急成長する日本は当時、労働力が不足しがちだったからだ。

やがて日韓併合後、朝鮮での集団募集に応じて日本へ渡る朝鮮人労働者が増えていく。細井和喜蔵の『女工哀史』（一九二五年）で有名な紡績工場にも、多くの朝鮮人女性が供給された。また朝鮮で労働者を募集して日本へ送り出すブローカーも活発化。朝鮮総督府は後追いで労働者の募集を許可制とし、朝鮮人の日本渡航の管理に乗り出した。

一方、日本で近代的な学問に接した留学生たちは、母国の統治に抗議して独立を目指す運動を始める。一九一九年二月には東京神田の朝鮮基督教青年会館で独立宣言文を読み上げる集会があり、当局の摘発を受けた。検挙を逃れた留学生らは朝鮮や中国に渡り、独立運動を展開していく。

民衆蜂起の背景

こうした運動を契機の一つとして、一九一九年三月に勃発したのが三一独立運動だ。全国各地で日本の支配に抗議するデモが一斉に蜂起し、暴動に発展した。

日本政府はこの大規模な民衆蜂起に対し、軍隊を出動させて鎮圧にあたった。一説では死者約七五〇〇人、負傷者約四万六〇〇〇人ともいわれる。運動は国外にも広まり、同年四月には上海で李承晩《イスンマン》を含む独立運動家らが大韓臨時政府を樹立した。現代に至って、これを大韓民国の建国と見なす歴史観も台頭している。

三一独立運動を招いた大きな要因は、武断政治と呼ばれた日本の統治政策だ。当時の朝鮮は日本の憲兵警察によって強圧的に支配され、独立運動や解放闘争は武力で抑え込まれた。だがこうした強権的な統治がかえって人々の反発を煽り、抵抗勢力の組織化と蜂起の準備を促したのだ。

また朝鮮全土の土地所有権を法的に整備する土地調査事業も、農民の怒りを買っている。朝鮮の農民は貴族（両班《ヤンバン》）階級の田畑を耕して年貢を納めていたが、代を経るにしたがい農地の相続や売買が認められるようになっていた。だが朝鮮総督府は土地調査事業を通じて、私有地を書面で申請するよう通達を出す。読み書きができずに申請しなかった農民の土地は国有地となるなどして、資本家に集約されていった。

名実ともに小作人となった農民は新たに課された小作料や税金の負担に耐えかね、離農者が続出。三一独立運動で蜂起した農民は役所を襲い、土地や小作人に関する帳簿を焼いたりもしている。一方で土地調査事業が生み出した離農者は働き口を求めて都市へ集まり、やがて海を渡って日本の労働市場に供給されていった。

三一独立運動に衝撃を受けた日本政府は武断政治を改め、懐柔と同化に力点を置く統治に政策転換する。それまで制限された言論や集会の自由も限定的に認められ、憲兵警察制度も廃止された。

「不逞鮮人」に対する視線

日本へ渡った朝鮮人労働者のうち、住む家を持たない者は河川敷などに小屋を建てて集まり住んだ。こうして日本各地に生まれた朝鮮人の集住地区がやがて朝鮮人村となり、そのなかで朝鮮の生活習慣が再現されるようになる。

彼らの大半は在来の日本人にとって見すぼらしく、意味不明な言葉を操る異邦人だった。日本政府が自ら引き起こした状況だが、異質な集団があたかも日本社会を侵食し始めたように感じた日本人も少なくなかったようだ。また一九一九年以後も独立運動が繰り広げられ、日本政府に逆らう不届きな朝鮮人、「不逞鮮人」という言葉が定着した。

一九二三年の関東大震災に際して大勢の朝鮮人が軍隊や警察、また自警団によって殺された事件は、こうした朝鮮人＝不穏な集団との認識が土台になったとされる。殺された人数は、日本の司法省によると二三三人。当時の政治学者、吉野作造によると二七一一人。また朝鮮人留学生らによる集計では、六四一五人とされている。

震災の惨事をはさみながらも、日本国内の朝鮮人人口は一貫して増え続けた。これを後押ししていた要因の一つが、朝鮮総督府の教育政策だ。就学率はまだ低かったものの、朝鮮総督府は同化政策の柱として日本語教育をとりわけ重視していた。こうして日本語を習得した朝鮮人が、朝鮮よりも条件のいい働き口を求めて次々と日本へ渡ったわけである。

こうした層は渡航費用を捻出できる経済的な中間層であり、渡日には社会的地位の上昇を目指すための挑戦という側面もある。一方で渡日さえできない貧困層は朝鮮にとどまり、最下層の作業に従事したり、満州へ移住することが多かった。

とはいえ日本へ渡った朝鮮人の職業は、やはり土木工事や港湾労働など日本人が敬遠する過酷な肉体労働が最も多い。一九三〇年の場合でその割合は約半数だ。また雇用の不安定な雑役に就く者も多く、日本での生活はもちろん楽ではなかった。だがそれでも一九二〇〜三〇年代には家族単位での移住が増え、女性や子供の人口比が拡大している。

労働運動と「親日派」

不利な立場に置かれていた朝鮮人労働者の権利保護を掲げる団体も、早くから登場している。一九二五年には各地の労働者団体を統合する形で、在日本朝鮮労働総同盟（在日朝鮮総労）が誕生。半島の社会運動と歩調を合わせながら、日本での活動を展開していった。こうした動きはまた日本の労働運動、さらに共産主義運動と結びつき、治安当局の取り締まり対象となっていく。

一九二一年には「内鮮融和」を積極的に働きかける朝鮮人団体「相愛会」が、日本の政治家や官僚の後押しで発足している。内鮮融和とは内地（日本）と朝鮮の融和、つまり朝鮮人の日本への同化を指す。相愛会はまた日本の工場主や土木工事の請負業者らと手を結び、朝鮮人労働者の斡旋も行っていた。

相愛会を立ち上げた朴春琴《ぼくしゅんきん》は、一八九一年に慶尚南道《キョンサンナムド》で生まれた。一九〇七年頃に渡日し、炭鉱労働などに従事。やがて朝鮮人団体の代表を務めるなどして頭角を現し、相愛会結成に至る。朴は内鮮融和を呼びかけると同時に、独立運動への対抗勢力としての役割も担った。

そんな朴は日本の有力者らに歓迎され、一九三二年に朝鮮人として初めて衆院議員に当選する。これは内地の朝鮮人に限り、参政権が認められていたためだ。議員となった朴は朝鮮での参政権付与、また朝鮮人に対する徴兵制導入などを訴えている。

朴は敗戦の直前、一九四五年六月に京城（現ソウル）で「米英撃滅」「大アジア主義」などを掲げる「大義党」を結成。だが翌月に京城府民館で開いた集会では、日本統治下で最後となった独立運動家らの爆弾テロに見舞われている。

解放後の韓国では日本に協力した罪を問われたが、日本へ戻って追及を逃れた。その後は日本で在日本大韓民国居留民団（民団、後の在日本大韓民国民団）の中央本部顧問、また商事会社の社長などを務めたという。一九七三年、東京の慶応義塾大学病院で八二歳の生涯を閉じた。

日本統治下の朝鮮や内地では、朴のように内鮮融和を支持して積極的に同化しようとする朝鮮人も多かった。これが後に「親日派」と呼ばれる人々だ。彼らは自ずと朝鮮の独立、解放を目指す朝鮮人と対立し、戦後にまで根深い溝を残すことになる。

積極的に進められた同化政策

渡日した朝鮮人がみな日本に定着したわけではなく、滞在を切り上げて半島に戻った者も少なくない。世界恐慌の煽りで失業者が大発生した一九三〇年には、渡日者の数を帰郷者が上回っている。

その一方で内地生まれの朝鮮人、つまり在日朝鮮人二世も登場していた。一九三〇年には日本の朝鮮人人口約四〇万人のうち、内地生まれが約三万四〇〇〇人を占めている。ただし二世に対する義務教育制度は確立されておらず、当初は朝鮮人の自主的な私塾で朝鮮語などの教育を行った。だがこの私塾は一九三四年に閉鎖を命じられる。

世界恐慌を経て日本では朝鮮人失業者が社会問題となり、内地渡航の抑制及び在日朝鮮人の管理強化が求められるようになった。そこで一九三四年一〇月に「朝鮮人移住対策の件」が閣議決定される。これにより満州や半島北部への朝鮮人移住を促進、また内鮮融和を強化するなどの目標が掲げられた。そして二世を日本の学校で教育すると同時に、朝鮮語教育を禁止して私塾を閉鎖する方針が示された。またこの閣議決定に基づいて、内鮮融和の推進を標榜する「協和会」が発足。朝鮮人の管理、統制を担った。

日本では日中戦争勃発の翌年、一九三八年に国家総動員法が制定され、国内の人的、物的資源を政府が統制、運用できる総動員体制に突入。そして在日朝鮮人を戦争に動員する活動を展開したのが、この協和会だ。協和会は神社参拝、国旗掲揚、和服の着用、日本食の普及、日本式礼儀作法の徹底など生活のすみずみで同化を図るとともに、勤労奉仕、国防献金などに在日朝鮮人を動員していった。

日本国内での集会などで朝鮮語の使用が警察に禁じられるのは、一九三五年以後のことだ。そして一九四〇年には、内地でも創氏改名が適用された。これは日本の戸籍制度に沿って朝鮮人にも氏を新たに創出し、名前を日本風に改めるという制度だ。進んで日本に同化したがった朝鮮人は、創氏改名を歓迎した。一方で警察は、日本人と区別がつかなくなるため否定的だったともいわれている。

こうして内鮮融和が推し進められるなか、日本社会に溶け込んで活躍する朝鮮人も次々に現れている。例えば一九四〇年には金史良《キムサリャン》が、朝鮮人作家として初めて芥川賞の候補に選ばれた。金は一九一四年に平壌で生まれ、一九三三年に渡日。旧制佐賀高校から東京帝国大学へ進み、日本語による文学作品を発表していた。だが文学界に対する戦時体制の圧力と葛藤し、一九四三年に半島へ戻る。やがて中国での独立運動を経て、解放後は北朝鮮で活動を続けた。その後は朝鮮戦争に従軍して消息を絶ったといわれている。

朝鮮人の労務動員

総動員体制に基づき、日本政府は一九三九年に国民徴用令を公布。これは政府が強制的に国民を徴用し、労務に就かせる権限を認めた制度だ。そして同年に策定された労務動員計画により、朝鮮人も新たに計画的な動員、配置の対象となる。

当時は日中戦争にともなう日本人男性の召集、また生産力拡充計画による労働需要の拡大が重なり、内地の労働力が不足していた。そこで半島で集められた朝鮮人労働者が、日本各地の炭坑や鉱山など過酷な労働現場に供給されていく。これが当時でいう「集団移入」、つまり現在でいう「朝鮮人の強制連行・強制労働」だ。

労働者集めは「募集」（一九三九年〜）、「官斡旋」（一九四二年〜）、「徴用」（一九四四年〜）の三段階で行われた。例えば一九三九年度の第一次労務動員計画では、全体で約一一四万人の動員を計画。

そのうち八万五〇〇〇人を、朝鮮人労働者で充当するよう定められている。

募集は内地の事業者が主体となり、朝鮮各地の行政機関の協力を得る形で行われた。ちょうど同年の旱魃で離農者が続出したため、当初の募集は順調だったようだ。

だが応募者は徐々に減少していく。理由の一つは、半島北部の鉱山開発やコメ増産などで朝鮮での労働需要が高まったこと。そしてもう一つは契約期間を終えて戻った朝鮮人労働者を通じて、内地の劣悪な労働条件が知れ渡ったことだ。

続く一九四二年からの官斡旋は、朝鮮総督府が募集から内地への送出までを担っている。各地方に労働者数が割りあてられ、行政による組織立った動員が行われた。

これらの過程で「強制供出」「拉致同様」などの動員が行われていたことは、朝鮮総督府政務総監の訓示、内務省職員の視察報告書でも言及されている。さらに労務動員のための徴用、つまり強制動員が始まるのは一九四四年八月の閣議決定以後だ。

こうして一九三九年から一九四五年までに内地へ動員された朝鮮人の総数は、六七万人と見積もられている。また日本政府によれば軍人、軍属として約二四万二〇〇〇人が動員され、その死者数は約二万二〇〇〇人と公表された。

船に乗らなかった人々

前述の通り、敗戦時点で日本に二〇〇万人超の朝鮮人がいた。一九四九年三月までにそのうち一四〇万人ほどが、引き上げ船の復路などを利用して帰国している。同年四月から一二月までGHQの命令で朝鮮人の計画送還が行われるが、これで帰国したのは八万三〇〇〇人あまり。それ以外の在日朝鮮人は、半島に戻ることをためらった。

理由の一つは、計画送還に所持金や所持品の制限が設けられていたことだ。戦時下に動員された肉体労働者のような短期滞在者は、わずかな金だけを手に帰国することも厭わなかっただろう。だが長い苦労の末いくばくかの財産を築いた者にとって、計画送還を理由にそれを奪われるのは承服しがたかった。

一方で帰るべき半島は、北緯三八度線をはさんでソ連とアメリカに分割占領されていた。南側で朝鮮人が建国した朝鮮人民共和国は、米軍政庁に黙殺された。在日朝鮮人の故郷は日本に近い南側に集中していたが、そこではアメリカを後ろ盾とする保守右派が反対勢力と抗争を繰り広げていた。こうした混乱を目のあたりにして、ひとまず収拾がつくまで日本にとどまろうと考えた朝鮮人も多かったわけだ。

またすでに数十年の日本暮らしで生活基盤を確立した者が、もう若くない年齢で人生をまたゼロからやり直すのも難しい。彼らのなかには日本社会の一員として努力し、社会的な成功を収めた者も一定数いる。あるいは幼い頃から徹底した同化教育の下で生きてきた者にとって、半島はむしろ馴染みのない異国だっただろう。

やがて一九四八年に南北両政府が樹立を宣言。そして一九五〇年に朝鮮戦争が勃発する。半島情勢は収拾どころか混乱を極め、一九五三年の休戦を経て渡航すら不可能な状態が続いた。ようやく半島の南側と自由な行き来が始まるのは、一九六五年の日韓国交正常化以後のことだ。

一九五九年からは、帰国希望者を船で北朝鮮に送る「帰国事業」が始まる。一九八四年まで続いたこの運動で北へ渡ったのは、約九万三〇〇〇人。そのうち約六七〇〇人は日本人妻を含む日本国籍者だ。社会主義への幻想が生きていた当時、日本のマスコミもこぞって帰国事業を称揚した。だがこれが凄まじい貧窮、抑圧、飢餓に飲み込まれる巨大な罠となったのは周知の通りだ。

平和条約国籍離脱者

朝鮮人を帝国臣民に組み入れ、同化に心血を注いだ日本政府。だが戦後は一転して、彼らを段階的に日本から切り離していく。

まず一九四七年、外国人登録令が公布される。これにより在日朝鮮人は法的に日本国籍でありながら、外国人として登録、管理を受けることになった。登録証明書に記載された国籍は、「朝鮮」。ただし当時は半島にまだ国家が成立しておらず、この朝鮮という国籍は単に朝鮮半島というルーツの地名を表すにすぎない。

続いて一九五二年のサンフランシスコ講和条約発効にともない、彼らは「平和条約国籍離脱者」となった。つまり本人の意思に関わりなく、一律に日本国籍がなくなったわけである。

一方で一九五〇年からは、登録証明書の国籍欄に「韓国」と記載することが認められた。こうして在日朝鮮人は朝鮮籍を持つ者、韓国籍を持つ者の二通りに分かれる。そのため前者を在日朝鮮人、後者を在日韓国人と呼んで区別することが多い。総称する場合は在日韓国・朝鮮人、在日コリアンなどと呼ばれる。

韓国籍の持ち主は韓国の国民だが、朝鮮籍＝北朝鮮国籍、また在日朝鮮人＝北朝鮮国民という理解は必ずしも正しくない。前述の通り、朝鮮籍はルーツの地名を表しているだけだからだ。ただしこれはあくまで日本政府のスタンスであり、朝鮮籍の持ち主が北朝鮮を自らのアイデンティティとすることも当然あり得る。

特別永住者と帰化者

一九六五年の日韓国交正常化を経て、翌年に韓国籍の持ち主に永住資格が付与された。朝鮮籍の持ち主に永住資格が付与されたのは、一九八二年だ。そして戦後四六年経った一九九一年施行の出入国管理特例法で、「平和条約国籍離脱者とその子孫」が「特別永住者」に定められた。原則一〇年以上滞在するなどの条件を満たした「一般永住者」と比べて、再入国許可の有効期間、退去強制事由などで多少の特例が設けられている。

戦後になって日本へ移り住んだ韓国人は「平和条約国籍離脱者とその子孫」でないため、特別永住者にはなれない。もっぱらニューカマーなどと呼ばれるこの人々も、広義では日本在住の韓国人＝在日韓国人に相当する。だが在日韓国・朝鮮人または在日コリアンと呼ぶ時、やはり特別永住者を指すことが一般的だろう。

またもう一つ、日本国籍を取得して法的に日本人となった人々もいる。かつては行政指導として「日本人にふさわしい名前」に改名するよう求められ、そうでない「民族名」、つまり朝鮮民族固有の名前では窓口の裁量で帰化申請を却下された。一九九〇年に帰化したソフトバンクの孫正義が、夫人の改姓を経てようやく孫という苗字を認められたのは有名な話だ。

ただし一九八七年には、帰化時に止むなく選択した日本名を民族名に戻すことを求めた裁判で、原告が勝訴したこともある。おおむねこの時期を境に、民族名を理由にした帰化申請の却下は次第に減っていったといわれている。

もちろん帰化を選んだ人々、またその子孫が自分のアイデンティティをどう考えるかは、百人百様だ。進んで日本名を名乗り、日本を自分の出自としている人もいる。ある非常に有名な人物の子息は、「自分は普通に日本人として生活しており、半島のルーツという意識は全くない」と語っていた。一方でその対極、また中間もいるだろうし、歳月とともに考えが変わることもある。

多様で可変的でさえある他者のアイデンティティ。それが「噂」や「疑惑」として消費される構造は、常に当事者の外側にだけ存在している。

第一章◉ 半島の原風景

物語を生きた男

力道山

プロレスラー　一九二四（一九二二とも）～一九六三
咸鏡南道洪原郡出身　一世

出身を偽るレスラーのギミック

プロレス業界は本来コスモポリタンな世界だ。これまで本場アメリカをはじめ、イギリス、オーストラリア、カナダ、メキシコ、そして日本など各国のプロレスラーたちが海を渡った。

そうしたレスラーのプロフィールに書かれる国籍が、創作であることも珍しくない。南米の巨人として売り出された「ボボ・ブラジル」ことヒューストン・ハリスは、米アーカンソー州出身のアフリカ系アメリカ人。日系アメリカ人のミスター・フジと日本人コンビを組んだ「プロフェッサー・タナカ」ことチャールズ・カラニは、中国の血を引くサモア系アメリカ人だ。

日本出身レスラーも、国内外で外国人レスラーを演じている。グレート小鹿は一時期アメリカで「クンフー・リー」を名乗ったし、ストロング小林も同じく「コリアン・アサシン」と呼ばれた。モンゴル人「キラー・カーン」としてアメリカと日本のリングに上がったのは、力士出身の小澤正志だ。そして韓国人の父と日本人の母を持つタイガー戸口こと戸口正徳は、日本、アメリカ、メキシコで「キム・ドク」「タイガー・チャン・リー」「ヤマト」などと名乗っている。

試合を盛り上げるために創作されるレスラーたちの素性。そうしたリング上での設定を、プロレスの世界ではギミックと呼ぶ。善玉＝ベビーフェイス、悪玉＝ヒール、あるいはどちらにも転ぶトゥイナーといった筋書き上の役割は、その核心となる部分だ。

一九五四年二月のテレビ中継以後、戦後復興の途上にあった日本社会を照らす国民的英雄となったレスラー、力道山。彼もやはりギミックの重要性を正しく理解していた。

アメリカから呼んだ覆面レスラーのデストロイヤーがリング外でマスクを外していたのを見て、力道山が怒ったという逸話がある。覆面レスラーとして契約した以上、日本にいる限りはリング外でも素顔を見せるなという意味だ。

映画『力道山物語 怒涛の男』の舞台裏

力道山が一躍スターとなった翌年の一九五五年一二月、その伝記映画『力道山物語 怒涛の男』が公開された。主演は力道山本人。すでに大スターだった美空ひばりがその主題歌を歌った。

あらすじはこうだ。長崎県大村市生まれの百田光浩少年は、喧嘩の強さを見込まれ相撲部屋に入門。力道山となった光浩は辛い修行に耐え、十両に昇進した。ところが親方の大村潟は戦後すぐ、配給物資の不正で角界から追放される。力道山は必死の努力で部屋を再建し、大村潟を再び親方に迎え入れた。だが力道山は非道で恩知らずな親方と角界の不条理に耐えかね、ついに髷を切りプロレスの世界へ飛び込む――。

だが、日本人がこの単純な映画に喝采を送った陰で、大村潟のモデルにされた玉ノ海が名誉毀損訴訟を検討していたことはあまり知られていなかった。配給の日活と玉ノ海側との間で「この映画は事実ではない」という一筆がしたためられ、ようやく公開に至ったという。

ジャイアント馬場はかつて師匠だった力道山を、「人間として何一ついいところのない人でした」と評している。華々しさの陰で悪い評判の絶えなかった力道山が正義のヒーローを演じたのも、プロレスならではのギミックといえるだろう。

ただし後年取り沙汰された国籍と本名に、創作はない。力道山は一九五一年二月、就籍という手続きを経て長崎県大村市を本籍地とする日本人、百田光浩となっている。

力道山とたびたび対戦したルー・テーズは、同時代のアメリカで絶大な人気を誇ったレスラーだ。二〇〇二年に八六歳で他界した際、『ニューヨーク・タイムズ』は「二〇世紀中盤で最も賞賛されたレスラー」と紹介した。テーズの本名はアロイシウス・マーティン・セッズ。両親はハンガリーの血を引くドイツ人移民だが、特にその出自が何か問題になった様子はうかがえない。

しかし日本国籍を持つ百田光浩がかつて咸鏡南《ハムギョンナム》道《ド》洪原郡《ホンウォングン》を本籍地とし、故郷で金信洛《キムシルラク》と名乗った事実は、日本において厳重に隠された。プロレス報道の第一人者、桜井康雄によれば、力道山が朝鮮で生まれたことはプロレス記者ならみんな知っていたという。だがそれは日本の国民的ヒーローになった力道山と、プロレス界の日本人にとって都合が悪い事実だった。口を閉ざしてきたメディアがぽつりぽつりと語り出したのは、白黒テレビの時代が過去の思い出になってからだ。

信洛少年と日本人警官

「リキの奴を朝鮮から連れてきたことが、はたしてよかったことか、悪かったことか判らんとですよ」。一九七七年、小方寅一は故郷の長崎県大村市でノンフィクション作家の牛島秀彦にこう語った。当時七五歳で病床にあった小方は、一四年前に力道山が三九歳、あるいは四一歳の若さで無残な最期を遂げたことに自責の念を抱いていたらしい。小方はこの二年後、一九七九年に没している。

小方は新しく書き換えられた力道山の伝記に欠かせない人物の一人だ。一九二五年、不況下の日本で貧しさにあえいでいた彼は「朝鮮警察官」の募集に飛びついて半島へ渡る。人が嫌がる「国境巡査」をあえて志願し、一九四三年まで現在の中朝国境付近から半島北部を転々とした。

小方が一九三八年に赴任していたのは、半島東のつけ根から海岸沿いに少し北上した六抬《リュクテ》という漁村だ。彼はこの年の初夏、ちょうど渡鮮していた義父の百田巳之吉とともに朝鮮相撲の大会を見物した。無類の好角家だった百田は大村市出身力士、玉ノ海の後援会幹事を務めた人物だ。地元で何人もの力士をスカウトした経験もあった。

その大会で優勝したのは、新豊里《シンプンニ》という近くの村からやってきた青年、金恒洛《キムハンナク》。朝鮮相撲の全国大会にも出場し、たびたびその名が新聞に上がった力士だ。一九三一年の現地紙『東亜日報』に恒洛を含む九人の力士らが並んだ小さな写真があるが、印刷が粗く面影はうかがいにくい。

恒洛の強さと体格は抜きん出ていたが、年齢はすでに三〇歳近かった。代わりに百田と小方の目を釘づけにしたのが恒洛の末弟、信洛だ。まだ一〇代半ばの信洛は働き盛りの男たちを次々となぎ倒し、三位となっていた。

百田はこの稀有な素質を持った少年を日本へ送り、二所ノ関部屋に入れようと考えた。百田の申し出に、まだあどけない信洛はすぐにでも行きたいと意気込んだという。

地上から消えた故郷

金一家が暮らした新豊里は海岸に近い農村だ。現在は南北を隔てる軍事境界線の北に位置する。緯度は秋田県あたりに相当するが、大陸と地続きの朝鮮は日本以上に冬の寒さが厳しい。一九二一年には洪原郡に野生のトラがしばしば出没し、住民を震え上がらせているという報道がある。

新豊里が位置する龍源《リヨンウォン》平野はコメの産地として知られ、金一家が暮らした藁葺き屋根の家も田畑に囲まれていた。だが新豊里で信洛と同じ小学校に通った陳溟根《チンミョングン》によると、こののどかな景色は跡形なく消えたという。朝鮮戦争で激しい爆撃に晒され、陳の父親もその時亡くなったそうだ。

◇本社를來訪한씨름勇士들　向하야　左로부터(後列)
金潤根(咸興)、金恒洛(洪原)、朴興健(咸州)、李昌均(同)、李道
南(同)、李昇吉(咸興)▲(前列)崔東我(江邊)、朴陽(大會委員
長)、鄭章元(咸興)

シルム（朝鮮相撲）選手団が東亜日報社を訪れた際の記念写真。力道山の長兄・金恒洛は後列左から２番目。恒洛は９月４日に京城（現ソウル）で開かれたシルム勇士権大会で３位の成績を収めた（『東亜日報』1931年９月３日）

信洛の父、金錫泰《キムソクテ》の職業ないし金家の生業は、精米屋、風水師、農家、雑貨業など諸説ある。また錫泰は漢学者だったが稼ぎがなく、妻が市場でコメを売って家計を支えたともいわれている。

信洛は気性が荒く、ケンカばかりしていたと陳は回想する。母の田己《チヨンギ》は、信洛が日本で力士になることを許さなかった。裸で見世物になる商売をさせたくなかった、あるいはすでに高齢で病に臥せっていた錫泰の面倒を見る人手が必要だったとも伝えられている。

また長兄の恒洛も信洛の入門に反対だった。恒洛は朝鮮相撲で各地を回り、次兄の公洛《コンナク》は京城(現ソウル)に出ていた。金家の男手は信洛一人に託されていたのだ。

スカウトの話はまとまらず、時間切れとなって百田が帰国。その後は小方があれこれと交渉に努めた。当時は日本政府が労働人口の需給調整のため、渡航証明書によって朝鮮人の日本流入を制限した時代だ。信洛の渡日手続きも簡単ではなかったが、警察官という小方の立場が存分に利用されたらしい。小方は本人のためという思いからだったろうが、息子を手放すまいとした母にこの日本人警察官が脅威と映ったのは想像に難くない。

一九三九年に錫泰が没し、老父の世話は必要がなくなった。だが母は年が明けて間もなく、信洛を故郷にとどめるため思い切った手段に出る。隣村から花嫁を連れてきて信洛と結婚させたのだ。

小方はこの結婚についても牛島に話した。その証言を綴る牛島の文章は、信洛がこの花嫁と一度も床をともにしなかったことを強調しているようにも受け取れる。回想によると小方は、「一晩でも花嫁と寝れば、絶対に内地へはやれんからな」と念を押した。信洛は素直に言うことを聞き、挙式後すぐに小方の家へ転がり込んだという。

信洛はそれからほどなく、海岸近くを走る咸鏡線の霊武《リョンム》駅から列車に乗って故郷を発った。隣村の花嫁が生んだとされるその長女、金英淑《キムヨンスク》が力道山の伝記に登場するのは、小方の証言が活字になってから五年ほど経った頃のことだ。

完璧でなくてはいけなかった日本語

小方は日本へ発つ信洛に小さな日章旗を持たせた。出迎えへの目印にするためだ。信洛は延べ二〇時間以上列車に揺られて真冬の半島を縦断し、半島南東端の釜山《プサン》から船でようやく下関に着いた。港まで出迎えたのは、陰平虎松。二所ノ関部屋の親方となっていた玉ノ海の父親だ。朝鮮から来た大柄な少年は、陰平の前で日章旗を掲げながら手を振っていたという。

信洛は陰平に連れられて上京し、一九四〇年二月に二所ノ関部屋へ入門。力道山のしこ名を与えられ、同年の五月場所で初土俵を踏んだ。

『評伝 玉ノ海梅吉』（松永史子著・同友館）には、「朝鮮の金さんでは人気も出まいと判断され、大村出身の百田という名前で、角界入りした」とある。創氏改名によって金信洛は金村光浩となったが、兄弟子たちから金の苗字で呼ばれたともいわれる。それが角界入りに際して、長崎県大村市生まれの百田光浩という新しいプロフィールがまた創作された。

日本生まれになったからといって、この異国にすぐ適応できたわけではない。当初は日本語がうまく話せず、「ヨボ野郎」といじめられたという証言がある。「ヨボ」は半島で「おい」「ちょっと」のような日常の呼びかけの言葉だが、日本では朝鮮人を蔑むために使われた。

もっとも当時を知る証言者らは、親方の玉ノ海が力道山を付き人にしてかわいがったとも言う。旅館での食事も、玉ノ海は自分の分まで力道山に食べさせたそうだ。先代親方玉錦の急逝で現役力士兼親方となった玉ノ海は、将来有望な直系の弟子にとりわけ目をかけたのだろう。

力道山はまた、目下の者には激しい気性を隠そうとしなかった。二所ノ関部屋時代から晩年までつき添った力士出身レスラーの田中米太郎によると、力道山は手が早く見境なく殴るので若い衆はみな付き人になるのを嫌がったという。ただし田中はまた、目下の者に高級料理や小遣いを振る舞う力道山の気前のよさも伝えている。

後にプロレスのリングアナウンサーとなる小松敏男が二所ノ関部屋に入門したのは、一九四二年。小松によれば力道山が朝鮮から来たことは当時も知られていたし、日本語にはまだ訛りが残っていた。だが同時にその強さと親方の寵愛で、抜きん出た存在感があったという。

翌一九四三年には、後のレスラー芳の里が二所ノ関部屋に入った。彼は一年先輩の小松と異なり、力道山が半島の出身だとは思わなかったと話している。

後の外国人力士が話す日本語に多少の訛りが消えないのは、それ以上努力しなくても不自由しないからだ。そこからネイティブと区別つかない水準に至るには、また長い道のりがある。渡日三年でその域に達した日本語は、後年の生き急ぐような執念がすでに滲み出ているようにもうかがえる。

紋付袴への憧れ

「もし私が日本人だったらもうその座に就いている」「私はすでに横綱になっているだろう」。

この発言の主として報じられたのは、一九八二年に入門した米ハワイ州出身の力士、小錦だ。一九九二年四月二二日付『ニューヨーク・タイムズ』は巡業中だった小錦への電話取材を通じて、このサモア系アメリカ人が出自のせいで横綱昇進を阻まれている可能性を報じた。ただし記者は、その重すぎる体重と膝の不調についても書き添えている。小錦は発言を否定したが、日本メディアでは大きなバッシングに発展した。

当時は小錦、曙、武蔵丸というハワイから来た三力士が、重量感ある豪快な相撲で角界を席巻した時代だ。ハワイ勢を迎え撃った日本勢の代表が、多くの人気力士を擁した二子山部屋。その看板スターだった若貴兄弟こと若花田と貴花田は、元大関の二子山親方を父親とするサラブレッド兄弟だ。周知の通り、いずれも後に若乃花、貴乃花としてそれぞれ横綱になっている。当時はこのプロレスのようなハワイ勢対日本勢の「抗争」が、ギミックなしで相撲人気を盛り上げていた。

二子山部屋の創設者であり、若貴兄弟の伯父にあたるのが、元横綱の初代若乃花。そして一九四六年に二所ノ関部屋入りした若乃花に稽古をつけたのが、幕内に昇進していた力道山だった。

新弟子時代の若乃花が稽古の凄まじさに耐えかねて、力道山の足に噛みついたという逸話もある。若乃花は後に、力道山本人からトレードマークの黒タイツはその傷を隠すためだと聞いたと語っている。若乃花が稽古の辛さに部屋を逃げ出そうとした時、連れ戻したのも力道山だった。若乃花は「あのときにリキ関が来てくれなかったら、自分は横綱になっていなかった」と回想している。「結局、人に言いたくない力士時代の苦労は、主人の口から直接語られることはありませんでした」。力道山の元夫人、田中敬子は自著『夫・力道山の慟哭』（双葉社）でこう振り返っている。

親方にかわいがられた力道山だったが、兄弟子たちから受けた体罰同然の「かわいがり」もまた格別だった。二所ノ関部屋は激しい荒稽古を伝統とし、玉錦も生傷が絶えなかったことから「ボロ錦」と呼ばれている。「入門から幕内に上がるまでは、毎日が試練の連続だったことは想像できます」（同）。新弟子時代から兄弟子の顔を張っていった力道山を、関取衆は「胸を貸すというよりも、本気でつぶしにきた」（増田俊也著『木村政彦はなぜ力道山を殺さなかったのか』新潮社）。

この時期の力道山は親方の玉ノ海とその肉親らの目に、素直で稽古熱心な若者と映っていた。呼び出しから立ち合いまでじっと姿勢を正した土俵態度も、多くの日本人が好ましく眺めたという。力道山はまた三段目に許されない紋付袴でこっそり料理屋に通うなど、日本文化にもすすんで溶け込もうとした。だが和服を愛したこの素直な若者は、ある日を境に姿を消す。

都内の街道を疾走した怪人

一九四三年、日本軍は二万名もの戦死者（その大半は餓死と病死だった）を出してガダルカナル島から撤退した。この年の六月、海軍大将山本五十六の葬儀パレードが港区芝から千代田区日比谷までを練り歩いている。幕下二一枚目の力道山はその沿道に集まった群衆とともに、涙を拭いながら国民的英雄の国葬を見送った。

その翌々年の八月、力道山は日本の敗戦を迎える。

二所ノ関部屋は前年に関西へ疎開し、力士らは勤労奉仕に駆り出されていたという。両国の稽古場は、一九四五年三月の東京大空襲で国技館とともに焼け落ちていた。

「日本は神国だ、天皇は神だと信じ、日本人になるべく勉強してきた」という在日詩人の金時鐘《キムシジョン》は、日本の敗戦を「立ったまま地の底にのめりこんで、落ち込んで行くようなショック」だったという。

一方、在日作家の金達寿《キムダルス》は、自身の年譜に「ただちに、在日本朝鮮人連盟の結成に参加する、活気横溢する」と書いている。敗戦を知らずに働かされ続けた各地の朝鮮人炭坑夫は、ほどなく食料、賃金、そして帰国を求めて就労を拒否し、暴動へなだれ込んだ。

敗戦時点で日本にいた朝鮮人は約二〇〇万人超。それから翌年三月までに約一四〇万人が、戦地からの引き揚げ船の復路などを利用して半島へ帰った。

力道山にもその船に乗って郷里に帰る選択肢はあった。だが彼はすでに、日本の相撲界で入幕目前まで上りつめている。文字通り血のにじむ五年間によって掴んだこの地位を捨て、貧しい村でまたゼロから再出発するのはあまりに理不尽だっただろう。

それからほどなく杉並周辺を始めとする都内の街道に、奇怪な出で立ちの男が出没するようになる。革靴にアロハシャツ、あるいはスーツや革のジャンパーに身を包み、真っ赤な大型バイクで轟音とともに疾走するチョンマゲ頭の巨漢——。後に黒タイツ姿で日本中を熱狂させる異形の英雄が、焼け跡の街で産声を上げていた。

戦勝国民として振る舞い始める

変わったのは、髷を残してアメリカナイズされた外見だけではなかった。玉ノ海、元力士で相撲記者の小島貞二、またタニマチだった鈴木福松の娘きみ江らは、敗戦を境に力道山の性格が一変したと口を揃える。素直で熱心だった若者は親方や兄弟子に楯突き、高圧的に振舞うようになった。二所ノ関部屋が仮住まいしていた杉並から両国の本場所会場へ、バイクで乗りつけたこともある。弟弟子への荒稽古も、鬱屈した何かをぶちまけるように乱暴を極めた。

力道山はまた戦後すぐ発足した朝鮮学生同盟という朝鮮人の学生団体に出入りし、ＧＨＱ（連合国軍最高司令官総司令部）から特別配給された食糧や物資を手に入れている。またいつの間にか日系アメリカ人らと関係を作り、アメリカ人専用ホテルのレストランにも出入りした。もちろん当時は日本人が食糧難に喘いだ時代だ。

敗戦にうなだれる日本人を尻目に、戦勝国民のごとく特権的に振舞う朝鮮人——。日本人の先輩力士や親方たちがどれだけ反感を募らせたか、想像に余りある。だが日本の敗戦によって力道山のなかから吹き出したものは、もう抑えようがなかった。

土俵では順調に勝ち越しを続け、終戦の翌年に初入幕。一九四九年には関脇まで昇進した。ところが関脇としての初場所を前に、当時は難病とされた肺の寄生虫症に感染する。力道山はげっそりと体重を落としながら五月場所に臨んだが、三勝一二敗の惨敗で平幕に転落。場所後に入院し、高価な薬を海外から取り寄せて治療に専念した。だが二所ノ関部屋からの見舞いはなかったという。

力道山が自ら髷を切って廃業を宣言したのは、翌一九五〇年九月。退院後の猛烈な奮起で関脇に返り咲いてからのことだ。その理由について力道山は親方の玉ノ海と協会への不満を言葉少なく漏らしただけで、具体的には何も語っていない。

修復不可能となった角界との亀裂

「自分は朝鮮人だから番付が上がらない」。李淳馹《リスンイル》の『もう一人の力道山』(小学館)では、中村日出夫が力道山からこんな言葉を聞いたと話している。

中村は京都帝国大学から空手の道へ進み、後に空手道拳道会を創設した人物。平壌《ピョンヤン》で生まれ、民族名を姜昌秀《カンチャンス》という。在日本朝鮮人総聯合会(朝鮮総連)の幹部も務め、二〇一三年に九九歳で没すると遺骨が北朝鮮の愛国烈士陵に安置された。中村はまた同書で、力道山が国籍を変えたことについて「兄さん、許してください」と自分に許しを乞うたと語っている。

力士の昇進と降格は、密室で協議される協会の番付編成会議で決まる。小錦に限らず、これまで無数の力士がその決定に苦汁をなめてきた。

二所ノ関部屋の兄弟子で日本人力士の神風も、その一人だ。彼は一九五〇年一月、平幕で二横綱を破る大活躍を見せた。だが番付は前頭二枚目から同筆頭にしか上がらず、協会に絶望して土俵を去った。その弟弟子である力道山も次の五月場所で勝ち越しを決めたが、番付は関脇のまま据え置かれた。角界で二所ノ関部屋の影響力が弱かったのが原因では、という証言も複数ある。

一方で戦後始まった玉ノ海と力道山の亀裂は、取り返しがつかなくなっていた。二人の間に金銭問題があったという証言も多い。

力道山は寄生虫症の高額な治療費の支援を親方や協会に相談したが、にべもなく断られたとされる。また力道山はGHQ周辺の人脈を通じてアメリカ製中古車の輸入事業に手を出したが、失敗して巨額の借金を抱えた。親方にその肩代わりを申し入れたが、やはり相手にされなかったという。あるいは力道山が二所ノ関部屋再建に費やした金を取り返そうとした、という話もある。

力道山が廃業した背景に、一九五〇年六月に勃発した朝鮮戦争が影響したという見方も根強い。ただし力道山は同年九月に髷を切ってからほどなく、協会に復帰を願い入れている。角界の一部には同情する声もあり、力道山は復帰に備え二所ノ関部屋に出かけて稽古までしていた。

日本人としての戸籍を手に入れるため就籍届を出したのは、髷を切った二カ月後。就籍届は受理されたが、いったん髷を切った力士の復帰は聞き入れられなかった。こうして翌一九五一年一月、力道山の廃業が正式に決まる。

帰化で手に入れたアメリカ行きの切符

在日国連軍の慰問プロレス大会のため、一九五一年九月に日系アメリカ人レスラーのハロルド坂田が来日する。力道山はたまたま銀座のキャバレー「銀馬車」で出会った坂田と喧嘩になるが、あっさり敗北を喫した。これをきっかけに力道山はプロレス入りを決意する――。

レスラーの戦いをよりドラマチックに盛り上げるため、リング内外で繰り広げられるフィクションをアングルと呼ぶ。昭和日本のメディアがこぞってその場に居合わせたかのように伝え続けたこの「銀馬車事件」も、いまではアングルだったことが知られている。力道山は坂田が来日する前々月、新聞でその慰問大会のエキシビションマッチに出場する意欲を語っていた。

敗戦後に新田建設を興した新田新作は、復興需要で大いに成功した侠客出身の事業家だ。新田は横綱東富士のタニマチをしていた縁で力道山とも面識があり、髷を切った後に生活の援助などいろいろと面倒を見ていた。就籍で日本の戸籍を手に入れるノウハウも、新田が教えたようだ。新田と力道山は、帰化が協会の説得に役立つと期待したのだろう。

就籍は力士復帰に役立たなかったが、ほどなく日本国籍が力道山を大いに助けることになった。戦後の新旅券法に基づいて発給された日本政府のパスポートで、アメリカでのプロレス修行が可能になったからだ。

アメリカでは一九四八年、各地のプロレス団体を統合する形でＮＷＡ（全米レスリング同盟）が発足。より大がかりなプロモートを通じて、プロレスが新しい絶頂期へ向かっていた。力道山も複数のエキシビションマッチ出場を経て、この未知の世界に手応えを掴んだに違いない。

力道山以前、すでに明治時代からアメリカへ移住してレスラーになった日本人は何人かいる。力道山も日本という戦争に敗れた異国を捨て、戦勝国アメリカに第二の新天地を求める選択肢はあったはずだ。だが彼が選んだのは、日本を舞台に自分がプロレスの王者として君臨する道だった。この前例のない野望に向かって、力道山は内面から吹き溢れるものを一点に注ぐ。そして自ずから吸い寄せられるように、巨大な力の渦の中心に取り込まれていった。

ヒーローの座に吸い寄せる磁力

死のきっかけとなった刺傷事件の現場に居合わせた一人に、GHQの日系アメリカ人キャピー原田がいる。日米野球界の橋渡し役を務め、読売ジャイアンツとも深く関わった人物だ。角界ともつながりのあった原田は力士時代から力道山を知っており、廃業後にプロレス転向を勧めていた。

その原田の背後にいたのが、民放初のテレビ局＝日本テレビの設立に動いていた正力松太郎だ。正力は一九一三年から警察官僚として共産党の弾圧など数々の公安事件を扱い、その後は一九四五年まで読売新聞社社長を務めた。A級戦犯容疑者を経て後に「原発の父」と呼ばれた正力が、CIAの協力者だったことも米政府の公文書で明らかになっている。

日本にプロレスの王者を誕生させようと考えたのは、力道山だけではなかった。

ＧＨＱ関係者の呼びかけで慰問大会をセッティングしたレスラー兼マッチメーカーのボビー・ブランズは、日本を新たなプロレスの市場として開拓しようと意気込んだ。それにはまず、地元民が応援するローカルなチャンピオンが必要だ。大会の実務にあたったＧＨＱ弁護士のフランク・スコリノスも、やはり力道山にプロレス入りを促している。

その力道山はプロレスに気のない新田に代わって、横綱千代の山のタニマチだった永田貞雄に支援を懇願した。日新プロ社長の永田は、美空ひばりを育てた興行界の大物だ。プロレス興行に大儲けの臭いを嗅ぎ取った永田は政財界に声をかけ、力道山をアメリカ修行に送り出す。

日本の大手メディアも、プロレスの商品価値に気づき始めていた。当初テレビのプロレス中継に積極的だったのは、ほかでもないＮＨＫだ。アメリカでは四〇年代後半から「ハリウッド・レスリング」などの中継番組が始まり、ほどなくプロレスの黄金期に至る。敗戦直後の日本でもＮＨＫがこうした動きを把握し、その絶大な人気に食指を動かしていた。

正力松太郎と力道山

一九五二年一〇月に設立された日本テレビでも、やはりプロレス中継の是非が話し合われている。もっとも翌年八月の開局と同時に日本テレビへ入社した戸松信康によると、柔道に愛着のある正力はあまり乗り気ではなかった。また戸松の回想によれば正力はすでに力道山の出自を掴んでおり、なぜか接触を避けていたという。

「正力さんにはじめて力道山のことを話すと、あれは力士時代、石炭かなにかの密送船の仕事に手を出して摘発されたことがある、とポツリといった」「とにかく正力さんは、力道山と接触することを極端に避けていた」（佐野眞一著者『巨怪伝』文藝春秋）。

ノンフィクション作家の佐野眞一はこの背景に、関東大震災時の朝鮮人虐殺を指摘する。「正力は関東大震災当時、朝鮮人暴動の噂を打ち消すどころか、むしろ積極的に流して、社会主義者たちから暗殺リストにのせられるほどつけねらわれていた。力道山は、その忘却したい過去を、いやでも思い出させる人物だった」（同）。

一方『評伝 玉ノ海梅吉』は、ある事件で力道山がGHQに目をつけられた可能性を指摘している。玉ノ海は戦後、戦争犯罪人の容疑者として取り調べを受けた。同書はその原因が、戦時中に力道山が米兵捕虜を殴ったためではないかとしている。疎開した二所ノ関部屋の力士らが軍需関連の勤労奉仕をしていた時、力道山が現場にいた米兵捕虜に腹を立てて頭を殴ったそうだ。正力の情報網で力道山の素性を洗えば、この一件も知るところになったかも知れない。

だが佐野によると正力は戸松の熱心な説得に折れ、やがてプロレス中継に向けて動き出す。

正力が肩入れした柔道は、不世出の柔道家木村政彦を看板にした一九五〇年のプロ旗揚げが半年ほどで崩壊。木村、また相撲経験もある柔道家の山口利夫らはその後、アメリカ巡業でプロレスを学んで帰国した。相撲と柔道という日本の格闘技が、リングの上で非道な欧米の巨漢をなぎ倒す――。この単純明解なアングルの伏線が、ひとりでに形をなし始めていた。

肉体改造がにじませる凄み

力道山の最初のアメリカ修行は、一九五二年二月三日から翌一九五三年三月六日。壮行会では、永田の呼びかけで錚々たる面々が見送った。

財界からは日本精工、日本金属、吉本興業などの各社長、政界からは後に鳩山内閣で国家公安委員会委員長となる大麻唯男、戦前の閣僚だった楢橋渡と酒井忠正、また角界からは相撲協会理事長の常ノ花寛市、横綱の東富士と千代の山などが参列している。そして帰国した力道山は会見で、ちょうど一年の滞在中に三〇〇試合をこなし、三回しか負けなかったと豪語した。

卑劣なドイツ人や日本人を正義のアメリカ人が蹴ちらし、観客が歓喜の喝采を上げる——。これが当時アメリカのリングでよく見られたアングルだ。後に日本に持ち込まれたのは、立場を一八〇度入れ替えたコピーにすぎない。

卑劣な日本人役を務めたレスラーの多くは、ハロルド坂田、グレート東郷、ミスター・フジなどの日系アメリカ人だ。初渡米時の力道山は、トマホークチョップを繰り出す不気味なアメリカインディアン役を務めたともいわれている。ヒールだったとすれば、勝率もさほど悪くなかったに違いない。ヒールは卑劣な手で何度も勝利を奪って観客をたっぷり怒らせた末、ベビーフェイスに一撃で粉砕されるのが仕事だからだ。

もっとも力道山は、一年三〇〇試合負け三回というギミックのためにわざわざアメリカで一年を過ごしてきたのではなかった。力道山はまずハワイで日系アメリカ人二世の元レスラー沖識名《おきしきな》から、レスラーとしての特訓を受けた。ウェートトレーニングでレスラー体型に変身したのも、この間のことだ。力道山は腹の突き出た力士体型から、ボディビルダーのような逆三角形の体型に生まれ変わった。わずか一年での凄まじい肉体改造は、常人離れした執念を無言で物語っている。

NWAプロモーターとのパイプ作り

そしてもう一つ、力道山はこの渡米でビジネスとしてのプロレスを吸収した。

彼は興行界の大物である永田に何度も手紙を送り、自分が出場した試合の観客数、等級ごとのチケット料金、レスラーの人数とギャランティ、会場使用料、さらに興行主が支払う税金まで、こと細かに報告している。またハワイの邦字紙や雑誌をこまめに切り抜いては同封し、新聞社を通じて自分とプロレスを宣伝してほしいと頼んだ。当初は新田に同じことを依頼したが理解されなかったらしく、相手を永田に切り替えたそうだ。

力道山はまたハワイで現地の大物プロモーター、アル・カラシックとのパイプを作っている。ウクライナ出身で元バレエダンサーのカラシックは、渡米してアマレスに転向。一九二〇年にプロレス入りし、「ロシアのライオン」をキャッチフレーズにしたという。一九三六年に引退後、ハワイを拠点にNWAの大物プロモーターとして興行を仕切っていた。

力道山はさらにカラシックからジョー・マルセビッツの紹介を受け、一九五二年六月に米本土へ飛ぶ。ポーランド移民二世でやはりレスラー出身のマルセビッツは、サンフランシスコでNWAプロモーターを務めた業界の有力者だ。

マルセビッツは、一足先にアメリカで巡業していた木村と山口の興行成功を喜んでいたという。そこで同じ日本から来た力道山にも、好カードの試合を数多くブッキングしてやった。一試合あたりのファイトマネーは三〇〇ドル、日本円で約一一万円。当時は国家公務員の初任給が六〇〇〇～八〇〇〇円ほどだった時代だ。

だが先行してリングを回っていた木村のファイトマネーは、五〇〇ドル。木村と山口もまた、すでに日本でプロレス興行を旗揚げしようと動き始めていた。永田に宛ててこまめにしたためた力道山の手紙からは、木村、山口に対する焦りも浮かび上がる。だが結局プロレスという移民国家アメリカのビジネスを体現し得たのは、力道山一人だった。

日本プロレスリング協会の人選

アメリカから世界タッグチャンピオンのシャープ兄弟を招聘して一四連戦を繰り広げた「ワールドチャンピオンシップ・タイトルマッチシリーズ」。戦後日本の大衆文化史で最も劇的なイベントの一つとなったこの興行は、一九五四年二月一九日から三月七日にかけて行われた。力道山の力士廃業が決まってからわずか三年後のことだ。

朝鮮半島出身の元関脇はこの間、見違えるような肉体を作り上げ、プロレスラーとしてのスキルを身につけ、そして何より自身の初興行を歴史的大成功に収めるプロモーターに生まれ変わった。かつてパトロンとして頼った侠客出身の事業家新田も、もはや眼中にはなかったようだ。

初渡米から帰国した力道山は永田を拝み倒し、プロレス興行への出資を決意させる。同時に角界、柔道界に声をかけてレスラーをかき集め、新田に借りた倉庫を道場に改装した。

そして自ら政財界の要人にプロレスの将来性を訴えて回り、一九五三年七月に日本プロレスリング協会発足にこぎつける。会長に就いたのは、横綱審議員会委員長で元閣僚の酒井忠正だ。増田俊也は『木村政彦はなぜ力道山を殺さなかったのか』で、「すでに角界からレスラーを引き抜くことを念頭に置いて、トラブル防止のために」角界に影響力のある酒井をトップに据えたと分析している。そのほか協会幹部には、理事長の新田、常務理事の永田をはじめ、国鉄前総裁、電通社長、日本精工社長、衆議院議員、相撲協会理事長など、各界の名士がずらりと名を連ねた。

親分衆が仕切った興行の終焉

一方、柔道勢でプロレス旗揚げに精力的だったのは山口だ。関西を拠点とした山口は日本プロレスリング協会発足から一七日後、大阪府立体育館で初の本格的なプロレス興行を開催。さらにシャープ兄弟との一四連戦が始まる二週間前には、大阪での「日本対在日米軍対抗プロレス」で日本初のプロレス中継を敢行している。

だがこのあたりまでが山口の限界だった。山口は一九五四年四月に自身のプロレス協会を発足させているが、会長以下幹部は全てヤクザの親分衆たちが占めている。戦前からの伝統に根ざした興行界の常識では、むしろ順当な面子だったのだろう。同じく木村の後ろ盾をしていたのも、各地のヤクザたちだ。だがこうした興行界の構図は、猛スピードで過去の遺物となり始めていた。

新田もまたそんな古い時代の事業家だった。新田は当時ある博徒の親分と、北海道で力道山と木村のプロレス興行を打つ手はずを整えていたという。だがこれを知った力道山は、かつてのパトロンに向かって激怒した。自分のプロレス第一戦の舞台は東京、そして相手はＮＷＡ世界タッグチャンピオンのシャープ兄弟でなくてはいけないと強く確信していたのだ。

新田は結局、永田を介して北海道興行中止の詫びを入れるはめになった。新田は後に力道山が渡米している隙をついてその追放を画策したことがあるが、一部レスラーたちの反発で失敗に終わっている。

自らの手で決めたシャープ兄弟招聘

一九五三年三月に初渡米から帰国した力道山は、同年一〇月にまたハワイ経由で再びアメリカへ渡る。第一戦の相手として白羽の矢を立てたシャープ兄弟を招聘するためだ。

兄ベン、弟マイクのシャープ兄弟は、カナダのオンタリオ州出身。第二次大戦中にカナダ空軍の兵士としてイギリスに駐在中、プロレスと関わりを持つ。戦後渡米してサンフランシスコに渡り、マルセビッツのプロモートでスターにのし上がった。

この多忙な兄弟を来日させる交渉は難航し、二カ月近くかかっている。その間に永田は私財をはたいて全国の会場を仮押さえし、新聞社の後援も取りつけた。永田は私財を投げ打ったこの興行がどれほどの赤字で収まるのか、戦々恐々としていたという。

永田はまた、木村と山口を日本側の戦列に加える交渉にも奔走している。二人とも出場は承諾したが、当然ながら自分たちが主役となるよう対戦カードに口出しした。そうした事情を伝える永田からの手紙に、力道山はいかにももどかしそうな不満の返事を海の向こうから寄越している。

レフェリーを務めるハワイの沖、またもう一人の外国人選手ボビー・ブラウンをともなって力道山が帰国したのは、興行の一週間前。空港には日本テレビの戸松が出迎え、ぜひテレビ中継をやらせてほしいと伝えた。アメリカから取り寄せたプロレスの映像を見た正力が、中継を決意したという。アメリカでテレビの威力を目のあたりにしていた力道山は喜んだが、永田は難色を示した。会場に足を運ぶ客が減ると考えたからだ。しかし永田は放映権販売のうまみを知ると態度を変え、自らNHKにも売り込んで契約を決めてきた。

リングの設営を受注したのは美津濃、現在のミズノだ。完成したリングはロープ外のへりの部分が縁側のように大きく外側へ張り出しており、帰国した力道山が慌てて改修させたという話も知られている。美津濃はよかれと思って気を利かせたらしいが、選手が場外に落ちなくてはプロレスにならない。こうして何もかも手探りのなか、歴史的興行の準備が猛スピードで進められていった。

パトロンに抱かせた不信

「だから俺言ったんだよ、何回も。リキさん、あんたそのままでは畳の上では死ねないよと」(『木村政彦はなぜ力道山を殺さなかったのか』)。発言の主、ユセフ・トルコの本名はユセフ・オマー。一九三〇年、横浜市でトルコ人両親の間に生まれた元レスラーだ。後に名レフェリーとして昭和のプロレス人気に貢献し、二〇一三年に栃木県で亡くなった。

敗戦を境に態度を豹変させ、自分に目をかけた恩人の玉ノ海にまで深い恨みを抱かせた力道山。レスラーとしてこれ以上ないデビューを飾った後、その傲慢な態度はより露骨になっていった。

「各街頭テレビの前は視聴可能最大限の人を集め、とくに地方では、伝え聞いてわざわざ汽車やバス、自転車で街頭テレビ設置個所まで来て見る人も多かった。交通に支障をきたして警察の出動整理をみたところもあった」(日本テレビ放送網株式会社著『大衆とともに二十五年』日本テレビ放送網)。この日本テレビ社史によると、シャープ兄弟との一四連戦は五日間で延べ一〇〇〇万人が視聴したという。興行の行方を不安がっていた永田は、八〇〇〇万円の興行純益を手にした。日本テレビが一九五四年度に計上した黒字額が一三〇〇万円というから、一四連戦の成功が桁違いだったことが分かる。

力道山はそこから四〇〇万円近くを払わせ、豪邸を建てた。木村と山口以外のレスラーへの配分も力道山が仕切り、門下の日本人が受け取ったのは雀の涙だったそうだ。もっともアメリカ人レスラーにとって当時の日本円は紙切れにすぎず、力道山が闇ドルで支払う約束をしていた可能性もある。だがいずれにせよ永田は、自分をないがしろにしてカネに執着する力道山に不信を抱き始めた。

ブック破りの凄惨なリンチ

懸案だった対戦カードは、ハワイからレフェリーとして連れてきた沖に取り仕切らせている。格闘家として格上だった木村は、徹底的に力道山の引き立て役に使われた。

耐えかねた木村は一九五四年一一月の新聞紙上で、プロレスがショーだと仄めかしながら「真剣勝負なら自分が勝つ」と挑発した。当時はまだプロレスに台本があることがほとんど知られていなかった時代だ。激怒した力道山は木村の挑発に応じ、双方の関係者を交えて試合条件を巡る話し合いが行われた。

木村は言葉通り真剣勝負も辞さなかったが、後援者に押されて台本のあるプロレスを受け入れる。三本勝負のうち、一本目は力道山、二本目は木村、三本目は引き分け。力道山はこの取り決めについて木村に念書をしたためさせたが、自分はその場で書くことを避けた。

蔵前国技館で試合が行われたのは、同年一二月。取り決め通り試合を進める木村に、力道山はいきなり顔面を狙って手加減のない張り手と蹴りを繰り出す。猛烈な不意打ちの連打を食らった木村は、大きな血だまりのなかで失神。引き分けるはずの三本勝負は力道山のKO勝ちに終わった。

プロレスで事前の取り決めを無視して試合を進めることを、ブック破りという。木村の後ろ盾をしていたヤクザはこの興行界のタブーを破った力道山を殺すと息巻いたが、結局何も起こらなかった。木村が自分で決着をつけると言って止めさせたともいわれる。

木村が力道山に渡した念書が『内外タイムス』でスクープとなるのは、試合の三日後だ。八百長の汚名を着せて木村のレスラー生命を抹殺した力道山に、もう歯向かう者はいなかった。

街頭テレビのルーツ

日本の大衆は、木村を下した力道山を不動のヒーローに祭り上げた。「昭和の巌流島」のキャッチフレーズがついたこの試合は、ＮＨＫ、そして日本テレビが中継している。当時テレビはこの二局しかなかったため、「視聴率一〇〇％」という触れ込みでも語り継がれた。

一九五四年の家庭用テレビは一万七〇〇〇台と見積もられており、視聴者の多くは街頭テレビで見ていた。街頭テレビは正力が創案したともいわれるが、ルーツはアメリカだ。

米政府は一九四二年、敵国に向けたラジオの政治プロパガンダ放送「ＶＯＡ」(Voice of America)を開始。戦後もＶＯＡは共産圏向けに資本主義社会の宣伝を盛んに行った。

一九五〇年には米政府内でＶＯＡのテレビ版が構想されており、そこに街頭テレビのプランがあったという。またそもそも電機メーカーが宣伝のため街頭にテレビを設置するのは、アメリカではとうにありふれたことだった。

正力松太郎はＣＩＡの協力者だった――。この事実が早稲田大学教授有馬哲夫の調査で明らかになったのは、正力の没後三七年経った二〇〇六年のことだ。有馬は二〇〇五年に米ワシントン郊外の国立第二公文書館で四七四ページからなる「CIA文書正力松太郎ファイル」を見つけ出し、その研究結果を週刊誌や著書などで発表した。

アメリカは戦後日本に安定した保守政権を樹立し、アジアで反共政策を推し進めるための配下にしようとした。当時は社会がまだ不安定だった日本が、共産主義革命で東側に取り込まれる可能性が真剣に議論された時代だ。

アメリカは一九五二年四月に連合国軍の占領が終わった後、日本でメディアを総動員した親米プロパガンダを繰り広げる。そしてかつての敵国に対する憧れや親しみを刷り込む役割を果たしたのが、正力の日本テレビだ。米政府は日本人の親米化には娯楽番組が効果的だと考えていた。「名犬リンチンチン」「パパは何でも知っている」「西部の勇者キット・カースン」などのアメリカ製テレビ番組が日本テレビに格安で供給されたのはそのためだ。

親米プロパガンダと故郷

正力は一九五二年一〇月の日本テレビ開局にあたり、資金繰りに苦労していた。それを救ったのは日本の産業界復興を支えた朝鮮特需、つまり朝鮮戦争だ。そして開局の半年後に始まった力道山のプロレス中継が、黒字拡大の原動力となった。

悪漢の欧米人レスラーを正義の日本人レスラーが叩きのめす——。正力がプロレスに乗り気でなかったのは、このアングルが反米感情を刺激するのではないかとの懸念があったからかも知れない。ただし力道山は二度目に渡米した一九五三年の一二月、ルー・テーズに破れるという戦績を持ち帰っている。「武者修行中の力道山が世界チャンピオンに挑んだが、惜敗した」。このアングルは後に、王者テーズとのたび重なる名勝負という展開で回収された。

プロレスの本場アメリカは、無数の王者を擁する最強の国――。こうした親米的な構図の伏線が、日本テレビが中継を決めた時期に前後してすでに整っていたわけだ。

正力の真意はともかく、レスラー力道山はデビューと同時にそのメディア戦略の一角に組み込まれた。一方、力道山が日本プロレスリング協会を立ち上げた一九五三年七月には、朝鮮戦争の休戦協定が結ばれる。冷戦の最前線となった母国は、北緯三八度を軍事境界線として南北に分断された。そしてその北に位置する故郷、咸鏡南道洪原郡は地上でどこよりも遠い場所になった。

鍵をかけた部屋

在日韓国人二世でプロ野球選手の張本勲が力道山と出会ったのは、一九六〇年。後援会に所属する在日韓国人に紹介され、銀座の焼肉店で顔を合わせたそうだ。張本は力道山が朝鮮半島の出身ということを、後援会の会長を通じて知っていた。力道山は当時一九歳の張本をよくかわいがり、たびたび食事をおごったり家に招いたりしたという。

ある日、張本が力道山の自室を訪れた時のことだ。力道山はメイドが入ってこないようドアに鍵をかけ、ラジオを点けた。流れ出したのは、半島のラジオ局が放送する朝鮮の音楽だ。それを聞きながら踊る力道山に、張本はこう言った。「お兄さん、そんなことせずに故郷の唄なんだから堂々と聴けばいいじゃないですか」。すると力道山はいきなり張本を殴りつけた。そして張本の回想をまた引用すると、こんな言葉を返したという。「貴様に何がわかるか、ワシらの時代は虫けらみたいに扱われたんだ」（小熊英二ほか著『在日二世の記憶』集英社）。またファンががっかりするから日本人で通していくんだ、ということも言ったとされている。

一九五一年、就籍によって長崎県出身の日本人百田光浩となった力道山。彼が内面で朝鮮の出自とどう向き合っていたかは、こうした第三者の回想でしか伝わっていない。

東声会会長の町井久之、またの名を鄭建永《チョンゴニョン》は、力道山に韓国サッカー代表チームのために寄付を求めたことがある。一九五四年、シャープ兄弟との巡業で大阪を訪れた時の話だ。力道山は初対面の町井に二つ返事で分厚い札束を手渡し、その後も兄弟のように親交を深めた。

また『もう一人の力道山』には、戦前のタニマチだった千葉県八街町（現八街市）の鈴木家が登場する。力道山と年の近い鈴木家の娘は、彼が「アリラン」を歌うのを聞いたそうだ。

「アリラン」は特定の曲ではなく、朝鮮各地に伝わった一群の民謡の総称。『もう一人の力道山』によると鈴木家の娘が記憶しているのは、半島中東部の旌善《チョンソン》を源流とし、一九世紀末頃からソウル周辺でよく歌われた「アリラン」だ。後に「アメイジング・グレース」に似たケーデンスで編曲された近代風の唱歌となり、一九二六年の無声映画『アリラン』とともに全土へ広まった。

力道山は一九四二年から一九四五年にかけて一度ないし二度、帰郷したともいわれている。戦後は前述の通り、新宿の朝鮮学生同盟という朝鮮人の団体に出入りした。しかし国籍を変えプロレスに転向した後は、張本が目撃したように「鍵」がかけられた。

迎えの北送船が運んだ乗客

その内側にいた人物の一人が、一九二三年生まれの陳溟根《チンミョングン》だ。陳は力道山と同郷で同じ霊武《リョンム》小学校に通った後、一年遅れて一九四一年に来日した。日本で力道山と再会したのは一九四三年。故郷の友人が力士になったことを伝え聞き、本場所を訪ねたという。やがて力道山に朝鮮学生同盟を紹介したのも彼だ。陳は中央大学から明治大学へ進んだ後、朝鮮戦争の勃発で帰郷を断念。会社勤めを経て、後に五反田で焼肉店を開いた。

力道山は晩年、門弟らを連れて陳の店をしばしば訪れている。また陳の店が閉まる深夜二時を過ぎてから、一人で来店することもあったという。そこで陳と故郷の思い出話に花を咲かせ、酔うと「アリラン」など朝鮮の歌を歌ったそうだ。

だが力道山は、陳を林という名で周囲に紹介していた。陳自身は戦後ずっと本来の民族名で通しており、林は力道山が勝手につけた偽の日本人名だ。力道山の出自を知る秘書の吉村義雄、元力道山夫人の田中敬子も、その焼肉店店主の名を林と記憶していた。

新しい力道山の生涯の語り手に加わった陳は、一九八三年のスポーツ誌『Number』(文藝春秋)

七〇号で故郷の思い出などを話している。彼はまた、故郷の兄恒洛《ハンナク》からの手紙が力道山に届いたことも語っていた。当時は北からの郵便を日本で受け取ることは難しく、陳はその手紙が「裏のルートで」（『Number』七〇号）もしくは「確か朝鮮総連の人を通して」（『もう一人の力道山』）届いたという。陳はハングルの読み書きができない力道山に文面を読んでやり、返事の代筆もした。手紙は安否を尋ねる平凡な内容だったという。

『Number』七〇号ではもう一人、一九六〇年から在日本大韓民国居留民団（民団）本部長を務めた曺寧柱《チョヨンジュ》が証言者として登場する。慶尚北道《キョンサンプクト》醴泉《イエチョン》郡《グン》に生まれた曺は、京都帝国大学及び立命館大学の出身。戦中は東条英機と対立した陸軍中将石原莞爾に傾倒し、東亜連盟運動に参加した経歴を持つ。東亜連盟運動の母体となった東亜連盟協会は、日本、満州、中国の大同団結を掲げる右翼的国家社会主義団体だ。曺はまた大山倍達に手ほどきした空手家であり、東亜連盟協会を介して木村政彦の師である牛島辰熊とのつながりもある。力道山とは戦中から面識があり、レスラーとなった後もよく顔を合わせていた。

曺は『Number』七〇号で、「力道山から直接聞いた話」としてこう語った。力道山は死の数年前、新潟で恒洛に会ったというのだ。同誌によると恒洛は北朝鮮の「万景号（ママ）」で新潟まで渡航し、上陸はせず船上で弟と対面したという。力道山の名声は北朝鮮でもよく知られており、恒洛は「（北に）戻ってくれれば国をあげて最高の歓迎をする」と誘った。だが力道山は「いろいろな事業をしているから、すぐには帰れない」と断ったそうだ。

「皇軍慰問」で半島の地を踏む

初代万景峰号《マンギョンボン》の就航は一九七一年。曺の話が事実であれば、再会の舞台は当時日朝を行き来していた北送船だろう。北への帰国事業は一九五九年一二月に始まった。一九六一年だけで二万三〇〇〇人あまりが北へ渡っている。人々を運んだのは、ソ連軍艦を貨客船に改装したクリリオン号とトボリスク号。当時すでに老朽化しており、船内は悪臭が立ち込めていたという。

片道切符の北送船で、逆に日本へ向かった乗客はあまりいなかった。だが一九六一年一一月に力道山の兄が新潟を目指した時、その数少ない乗客がもう一人いたという。金信洛《キムシルラク》少年と隣村の花嫁との間に生まれたとされる娘、金英淑《キムヨンスク》だ。

力道山は日本で四人の子をもうけている。一九四四年生まれの長女、一九四六年と一九四八年に生まれた長男と次男の三人は、力道山が戦中に知り合った京都の女性が母親だ。そして他界から間もない一九六四年三月、田中敬子夫人が娘を出産した。

一九八三年、半島問題の専門月刊誌『統一評論』三月号に「わが父・力道山」という英淑の手記が掲載される。この手記は解禁された力道山の出自を巡るスクープとして、メディアで消費されていった。力道山の長男で二〇〇〇年に他界した元レスラーの百田義浩は当時、「全くそういう人は知らない」「売名行為じゃないかな」と不快感のにじむコメントを残している。

英淑は一九四三年三月生まれ。したがって母親が身ごもったのは一九四二年六月前後だ。太平洋戦争のさなかに、どうして力道山が故郷の花嫁と床をともにできたのか――。この疑問から英淑の手記に疑いが持たれた。だが実はこの時期、力道山は釜山から半島を縦断して中国へ渡っていたことが伝えられている。

戦地や占領地の日本兵を楽しませるさまざまな「皇軍慰問」のうち、特に活発だったのが相撲巡業だ。一九四二年にも、満州場所を終えた一行が七月から九月にかけて北京、天津、延安などを回った記録がある。そして李淳馹は『もう一人の力道山』で、力道山がこの巡業に参加したことを裏づける複数の証言を示した。前述の『Number』七〇号にも、時期は定かでないが戦中に帰郷した力道山と会ったという韓国人のコメントがある。

李は英淑本人、また当時を知る複数の朝鮮総連関係者から、新潟港の船上で父娘が会ったことを確かめた。一九六一年一一月、力道山は自ら車を飛ばして新潟まで赴いたという。朿の回想と異なり、待っていたのは次兄の公洛《コンナク》だ。公洛は力道山が幼い頃、陳の親類を頼って京城へ移った。その後日本留学を経てまた京城に戻り、朝鮮戦争が始まると北へ渡ったという。北への帰国を呼びかける兄に力道山が「いますぐ帰ることはできない」と返したのは、朿が語った通りだ。

朴正熙とプロレス

韓国の朴正熙《パクチョンヒ》大統領は生前、プロレス好きであることが現地メディアでよく報じられていた。もっともこれは、国家意識の発揚と人心掌握にプロレスを利用した朴の演出だった可能性も否めない。朴は一九一七年生まれ、慶尚北道善山郡《キョンサンブクトソンサングン》（現亀尾市《クミシ》）出身。解放前は高木正雄と岡本実という二つの日本名を持っていたことも知られている。

一九五四年に華々しいデビューを飾った力道山。だが純粋なスポーツと同列に試合結果を伝えていた大手紙やＮＨＫは、ほどなくプロレス報道から手を引く。やがてプロレス人気は徐々に低迷していった。その復活の足がかりとなったのが、一九五七年のルー・テーズ招聘だ。

同時に日本プロレスリング協会のコミッショナーに就任したのが、結党して間もない自民党の副総裁大野伴睦だった。力道山はこの政界の大物と特に親しく、互いに「おやじさん」「リキ」と呼び合うほどだったという。当時はまたＣＩＡに近かった保守政治家の岸信介らが、同じ親米反共国家として日本と韓国の国交正常化を模索していた時期だ。もともとは朝鮮人嫌いで知られた大野も周囲に押され、対韓外交に動いていた。

日本の国民的英雄である力道山が半島の出身であることは、韓国で早くから知られていた。韓国プロレス協会が一九六一年の発足からほどなく力道山に訪韓を持ちかけ、断られたこともある。

北朝鮮の国力がまだ韓国を上回っていたこの時期、南北は一九六四年の東京五輪を控えてスポーツでの国威発揚にしのぎを削っていた。南北のいずれかが力道山を取り込んでその祖国として名乗りを上げれば、相手への優位をアピールできる。北はすでに故郷の家族を通じて接触し、その後も金日成のＰＲ映画を見せるなどして働きかけていた。

韓国側も文教部（日本の文科省に相当）長官の朴一慶《パクイルギョン》、安保担当特別補佐官の朴鐘圭《パクチョンギュ》といった要人が、さまざまなルートから接触を図っていたという。国交樹立を急ぐ日韓の保守政治家の間で、力道山というアイコンの政治利用が話し合われたのは当然のなりゆきだっただろう。

大野は一九六二年一二月に訪韓し、朴大統領と会談している。そしてその翌月、一九六三年一月八日に力道山が韓国ソウル市の金浦《キムポ》空港に降り立った。

待望の力道山訪韓を伝える韓国紙の報道は錯綜している。直前まで到着日が二転三転して伝えられた。また離韓時も、急遽来日した外国人選手と試合するため予定を切り上げて帰ったと報じられている。あたかも正しい日程の公開をはばかっていたかのようだ。

力道山が軍事境界線上にある板門店《パンムンジョム》で上半身裸になり、「兄さん!」と絶叫した逸話も知られている。その瞬間、北側でカメラのフラッシュが焚かれるのが南側から見えたそうだ。

力道山はソウルで、韓国プロレスの支援、韓国での大会開催と収益の寄付などを明言した。だがその約束が果たされることはなかった。訪韓した年の一二月、力道山が急死したからだ。あての外れた朴正熙は代役としてその弟子、大木金太郎を韓国プロレスのスターにした。

大木こと金泰植《キムテシク》は一九二九年、全羅南道高興郡《チョルラナムドコフングン》で生まれた。一九四八年の麗順《ヨスン》一四連隊反乱事件に際して危うく処刑されかけた経歴を持つ。一九五六年頃に日本へ密航し、紆余曲折を経て力道山に弟子入り。日本人レスラー大木金太郎としてデビューした後、一九六五年に金一《キムイル》の名で韓国へ凱旋帰国した。

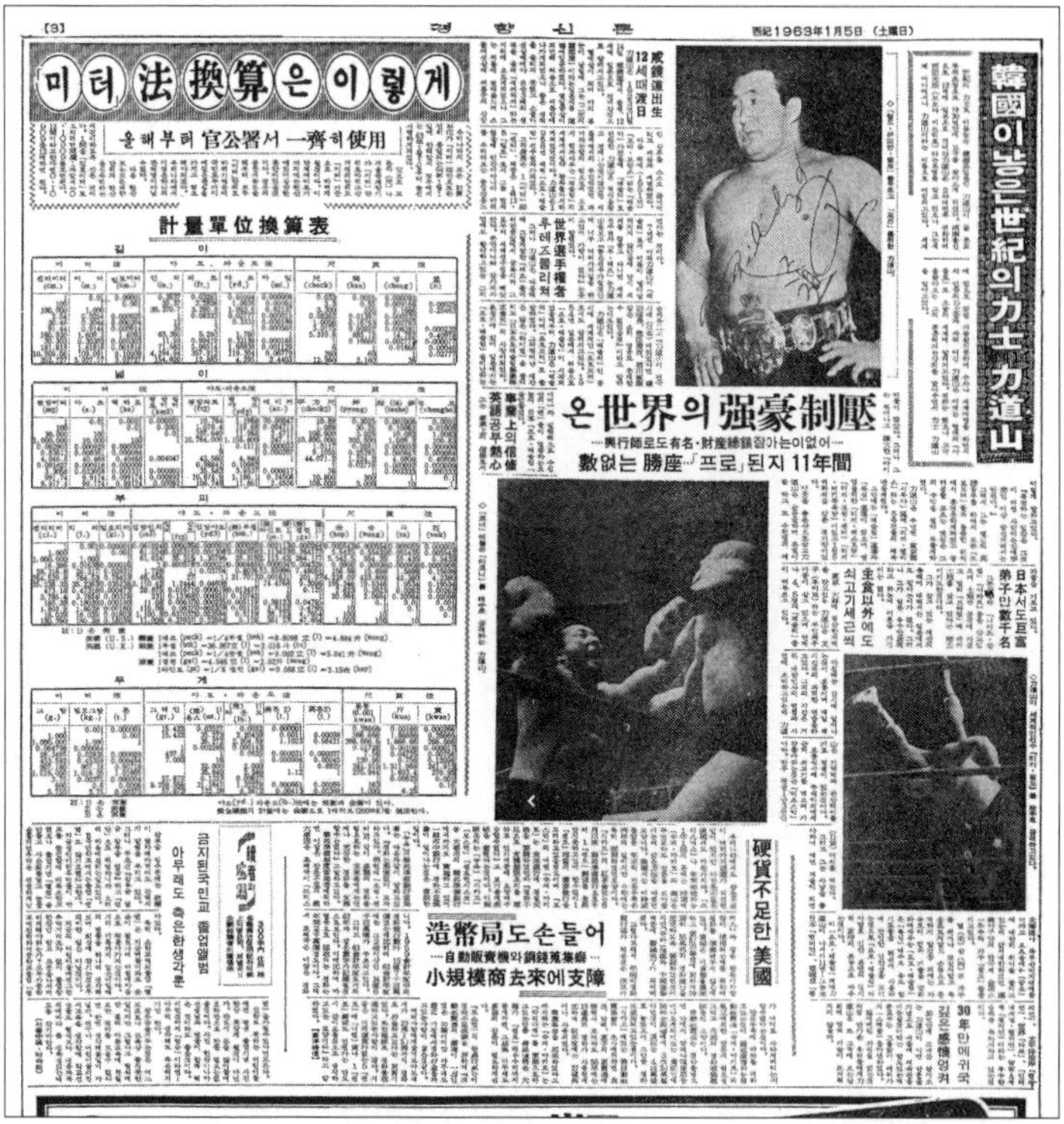

力道山訪韓の３日前、その紹介記事が新聞に掲載された。見出しは「韓国が生んだ世紀の力士 力道山」。紙面の左では、日本統治時代に定着した尺貫法を廃止してメートル法に統一する話題が伝えられている（『京郷新聞』1963年１月５日）

婚約者が流した涙

大勢の外国人レスラーを招いて繰り広げた一九五九年のワールドリーグ戦が大あたりし、力道山は再び絶頂期を迎える。力道山はまたマンション、ゴルフ場、サウナ、スポーツジムなどの事業に、莫大な借金を注ぎ込んだ。

だが三〇代の半ばを過ぎた肉体は、次第に衰え始める。また事情は定かでないがヤクザの刺客につけ狙われ、常に人影に怯えていたという。大量のアルコールに加え、睡眠薬と興奮剤を交互に常用しているとも囁かれた。

権力、虚構、暴力、野心、裏切り――。渡日から二〇数年で駆け抜けたその怪物的な生涯で、唯一の安らぎが夫人の田中敬子が回想するロマンスだ。

田中は一九四一年生まれ、神奈川県出身。父親の勝五郎は茅ヶ崎警察署の署長をしていた。田中が日本航空の客室乗務員だった頃、たまたま彼女の見合い写真を見た力道山が一目惚れしたという。田中とその家族の前で、力道山は誠実な紳士だった。婚約発表は、訪韓の前日にあたる一九六三年一月七日。そして韓国から帰ってくると、田中に自分の出自を告げた。

「北朝鮮の出身だって知っていたか」。力道山からの問いかけに、田中はこう答えた。「あなたの口から聞けてよかった」。田中の回想によれば、その言葉を聞いた婚約者は目の前でぼろぼろと涙を流したという。

仲人を務めたのは、大野伴睦。一九六三年六月五日にホテルオークラで開かれた結婚披露宴は、三〇〇〇人もの客が集まった。一カ月弱かけて欧米を回った新婚旅行は、田中にとって全ての瞬間が映画の一シーンのような思い出となっている。

「一日でも長く暮らしたい」

田中はまた結婚と同時に、力道山が京都の女性との間にもうけた三人の子の母となった。力道山はその育ての親だった東京日本橋の女性を、田中に引き合わせている。日本橋の女性は病に臥せっており、子供らを田中に託してからほどなく他界した。

八月に一家五人で箱根の別荘を訪れたのは、田中にとって幸せな思い出だ。驚きの連続だった結婚生活を通じて、田中はいっそう力道山への思慕を募らせたという。田中は二〇〇三年の手記『夫・力道山の慟哭』でこう綴っている。「もう一度結婚できるなら『力道山あなたと今度は1日でも長く暮らしたい』と心の底からいまも思い続けています」。

その二〇年前には、田中米太郎が似た発言をしている。力士時代から他界まで、最も長くつき添った一人だ。「もう一度、力道山と一緒にやれるなら、俺はやりたいね。そりゃ、あの人は乱暴だった。俺みたいにたくさん殴られた人間はいないよ。しかし、あの人はほんとはやさしいところのある人なんだ」(『Number』七〇号)。

彼らの回想は、「人間として何一ついいところのない人でした」といった力道山評と矛盾する。だが誰かが嘘をついているわけでもないのだろう。人間は矛盾を抱えずに生きていくことはできず、一見怪物のような力道山もその狭間でもがいた一人に過ぎなかった。

結婚から間もなく、田中は力道山の子を宿す。それを知った力道山は、新婦の体を抱きかかえて喜んだ。新居では睡眠薬への依存も収まり、力道山は少しずつ安定していったようだ。だがこの幸せな結婚生活は、わずか一九三日で終わった。

死を巡るギミックと真相

力道山の不可解な死は、後々までいろんな憶測を呼んだ。小腸を縫合してすぐ病室で好物のサイダーを飲んだ、あるいは大量の寿司を平らげたという噂もある。豪傑ぶりをアピールしたギミックが、死後も亡霊のように独り歩きしていたかのようだ。だが現実の力道山は一刻も早く傷を治そうと、大人しく医師の指示にしたがっていたという。

東京赤坂のナイトクラブで暴力団員に右腹部を刺されたのは、一九六三年一二月八日。きっかけは、足を踏んだ踏まないのささいな口論だった。小腸を二カ所損傷したものの、診断は全治二週間。手術後の経過も良好で、力道山は順調に回復していった。だが一五日になって腹膜炎を発症していると診断され、同日午後二時半から再手術が行われる。

四時になって医師は手術が成功したと告げ、つき添いの秘書吉村義雄と若手レスラーたち、そして田中敬子らはいったん病院を後にした。だが午後九時頃、彼らは病院から呼び出しの電話を受ける。一行が駆けつけて間もなく、力道山は息を引き取った。享年は出生日が戸籍通りなら三九、陳溟根の記憶が正しければ四一だ。

南北の狭間を行き来した力道山の死を巡り、暗殺説も飛び交っている。ただし後年になって調査を行った麻酔科医の土肥修司は、死因を医療過誤と結論づけた。筋弛緩薬を使って麻酔を行った際、担当医が太い首のせいで気管内挿管に失敗したという。つまり力道山は意識があるのに筋弛緩薬で身動きできないまま、呼吸を止められたわけだ。ある意味でその生涯にふさわしいともいえる、凄絶な死に様だった。

力道山の没後、田中の下には大勢の債権者が押し寄せた。田中は力道山の遺志を叶えようと事業継続に努めたが、最後は全てを手放さざるを得なかった。形式上とはいえ代表を務めた日本プロレスは、放漫経営と内紛から一九七三年に崩壊。田中は力道山が築いた団体を守れなかったことに、自責の念を抱き続けている。

年譜に刻み込んだ創作

立原正秋

小説家　一九二六〜一九八〇
慶尚北道安東郡（現安東市）出身　一世

強気一点張りの麻雀

戦後昭和の文壇で一世を風靡した立原正秋は、「純文学と大衆文学の二刀流」とも称された。純文学を追求しながら大衆を楽しませることも排除せず、自ら両刀使いを宣言していたという。純文学を追求した作品では、日常に美を追求する人々を好んで描いた。懇意だった作家の高井有一は、その描写が「時にこの世のものではない気配を漂わせるが、それが荒唐無稽に陥らないのは、作者自身の美を求める心が、それだけ切実だったからであろう」と綴っている。

一方で編集者としてかわいがられた鈴木佐代子は、立原にはホラ話で他人に一杯食わせることを楽しむ癖があったとも回想している。また親交の深かった英文学者の武田勝彦によると、サービス精神旺盛な立原は体験談を面白おかしく脚色して聞かせることを好んだ。二人の姉妹と同時に不倫をしたという話を楽しげに語った時も、武田が虚構のほころびに気づいた様子を示すと「正秋はしまったという顔」をしたという。

はったりのような武勇伝も多かった。立原が通りすがりの無頼漢にも臆せず殴りかかったのは事実だが、人に聞かせる時には多分に脚色を盛り込んでいたようだ。無名時代にイカサマ麻雀で稼いでいたという話も知られている。だが高井が後に弟から聞いたところでは、立原の麻雀は強気一点張りで「見ていられなかった」という。

自筆年譜に潜む罠

作家はしばしば、自筆の年譜や自伝に虚構を潜ませることがある。一九六九年刊行の『現代長編文学全集四九　立原正秋』（講談社）の巻末に収録されたエッセイ風の自筆年譜、また立原がインタビューなどで語ったエピソードにも、さまざまな創作が散りばめられていた。

少年時代の刺傷事件はその典型だ。自筆年譜によると彼は一九三九年春、神奈川県立横須賀中学校の入試に合格する。だが自分を嘲笑した少年の胸を短刀で刺して入学を取り消され、同年六月に商業学校に編入されたという。

ところが晩年に野坂昭如と行った対談では、「貴様の親父は朝鮮人だな」と侮辱した体育教師を刺して感化院、現在でいう少年院に七カ月間入れられたと語っている。また鈴木は「卑しい性格の教師」の手を刺して感化院に入り、そこで木工の技術を習得したという話を聞いた。辣腕の作家だった立原が刺した相手や位置、入院期間に無頓着だったのは、その時ごとに即興の語りを楽しんでいたからだろうか。

立原が誰かを刺して感化院に入ったという記録はない。武田は、立原が同級生らと同じ一九三九年四月に横須賀商業学校に入学したことを確かめている。

立原が横須賀中学校を志望したのは事実だが、受験はしていない。名門の旧制中学校は学業だけでなく、家柄や家庭環境も選抜の基準にされた。家業が水商売だったり、片親というだけでも入学できなかったという。朝鮮人の子として生まれた立原も、当然ながら不合格となる可能性が高かった。そこで立原は小学校の担任の指導にしたがい、不本意な商業学校へ進んだわけだ。刃傷沙汰の武勇伝は創作でも、芝居がかった筋書きに埋め込んだ憤りは真実だったのだろう。

存在しなかった寺

高井は一九九一年に発表した『立原正秋』(新潮社)で、立原の実像を克明に伝えた。それから四半世紀近く経った後に「在日の立原が死後、高井によって出自の嘘を暴かれた」とスキャンダルめかした報道があったが、これはあまり正確でない。

武田は一九六九年に訪韓した際、立原が子供時代を過ごしたという寺を探したことがある。立原はその二カ月前に発表した自筆年譜で、この寺を韓国の「安東市郊外の父の寺鳳仙寺」と書いていた。だが鳳仙寺は見つからず、武田は帰国後しばらくしてそうした名前の寺が存在しないことを知る。武田が問いただすと、立原はあっさり「創作だ」と言ってのけた。

一九七四年に刊行が始まった『立原正秋選集』（新潮社）の最終巻には、武田がまとめた立原の新しい年譜が掲載されている。寺の名の創作を暴いた武田にその執筆を依頼したのは、立原自身だ。だが立原は武田に不可解な態度を取り続ける。武田が両親のルーツから仔細に聞き出そうとしても、曖昧で消極的にしか応じなかった。立原の自筆年譜によると、父の慶文は李家から養子に出されて金井慶文となったとされている。これに対して武田は父の姓が李でなく金だったことを突き止め、立原も下の名が慶文でなく敬文だと武田に教えた。ところが立原は、年譜に「金敬文《キムキョンムン》」という本当の名を記すことを許さなかったという。こうしたやり取りを経て武田が作った年譜は、本人の自筆年譜を少し修正した程度に終わった。

他界の前年に明かした一つの名

奇妙なことに立原はその後も年譜が掲載されるたび、武田に執筆を頼んでいる。やはり立原は武田が調べた事実を全ては記載させなかったが、少しずつ修正を許すようになった。

武田は立原が没する前年、彼が生まれた時に授かった名を知らされる。立原は翌年に初の英訳版刊行を控え、武田は序文の執筆を含めてその制作に関わっていた。

武田はこの機にそれまでの疑問に決着をつけようと決意した。朝鮮で生まれた立原がどのような出自を持ち、どの言語を母語としたのか。こうしたことは一人の作家だけでなく、文学そのものの研究でも重要な意味を持つ。また英語で書かれる最初のプロフィールに誤りがあると、海外での評価や研究も後々まで混乱するだろう。

立原が執筆に使っていた帝国ホテルの一室で、武田はこうしたことを詳しく説明して理解を求めた。黙って聞いていた立原は、原稿用紙に大きな字ではっきり「金胤奎《キムインギュ》」と書いた。武田はこの名をはさんで、しばらく無言のまま立原と対座したという。

アイデンティティの揺らぎ

「立原正秋」という美しいペンネームは彼が没する二カ月前、一九八〇年六月に戸籍上の本名となった。それまでの本名は米本正秋。米本は立原の妻、立原光代の旧姓だ。

立原と光代が夫婦として新生活を始めたのが一九四七年四月。やがて一九四八年七月に長男が生まれたのを機に、夫婦は婚姻届と出生届を同時に提出する。

当時の立原は金井正秋と呼ばれていた。これは一九四〇年の創氏改名によって与えられた本名だ。日本の敗戦によって彼の祖国となった朝鮮は、当時まだアメリカ軍の軍政下に置かれていた。韓国及び北朝鮮政府が発足するのは、長男誕生の翌月以降のことだ。立原はこうした特殊な情勢下で妻の戸籍に入ることを選び、日本人「米本正秋」となる。

立原の小説が活字になったのは、一九五一年の『晩夏――或は別れの曲』が最初だとされてきた。だが二〇〇八年になって、これも事実でなかったことが判明している。彼は一九四六年に金井正秋の名で小説を二編、一九四八～四九年に立原正秋の名で詩を二編、そして一九四九年に金胤奎の名で小説を一編発表していた。解放を経て半島に南北両政府が成立したこの時期、立原はまだアイデンティティを定めかねていたのだろうか。

日本人作家として大成した後も、いわゆる在日作家を気にかけていた。李恢成《イフェソン》が『またふたたびの道』で脚光を浴びた時、立原は自ら連絡を取って自宅へ招いている。李恢成は後に立原の生涯について「〈在日〉のまぎれもない一つの生態であり、その厳粛さを持つ」と述べた。

父の死

立原は一九二六年一月六日、韓国中東部の田舎町で生まれた。出生地とされる安東市《アンドンシ》（当時は郡）西後面台庄里《ソフミョンテジャンニ》は、市中心部から一〇㎞ほど離れた山間にあたる。同じ台庄里にある禅宗の鳳停《ポンジョン》寺《サ》が、立原が子供時代を過ごした寺だ。旧家の四男として一八九一年に生まれた父の金敬文も、同じ西後面で生まれている。金敬文は鳳停寺の宗務長を務め、寺の財政に腐心していた。僧侶だったともいわれるが、妻帯を理由に否定する人もいる。

自伝的作品『冬のかたみに』に登場する寺は、無量寺と名づけられた。韓国中西部、百済の古都扶余郡《プヨグン》には同じ無量寺《ムリャンサ》という名の寺が実在する。また作中での無量寺の情景は、韓国南東部の通《トン》度寺《ドサ》から借りている。立原は前述の通り自筆年譜で鳳停寺を鳳仙寺と書き換えたほか、鳳亭寺と記したこともあった。

敬文は一九三一年七月、立原が五歳の時に他界する。『冬のかたみに』で描かれた通り、死因は自殺だと信じられてきた。だがこれは事実ではない。

一九八〇年春、病床にあった立原は敬文のことをよく知りたいと言い出す。武田の依頼で国文学者の越次倶子が調査を始め、立原が没する一カ月前に結果が届いた。それによると敬文を知る鳳停寺の僧侶辛奉先《シンボンソン》が、死因は病死と証言したという。

後に自ら安東に足を運んで辛奉先に会った武田は、父の死まで創作だったことへの驚きを綴った。だが高井は、越次の報告を聞くまで立原が自殺だと信じていたことを示唆している。

生き写しの甥

立原は生前、生き別れて生死も分からない異母兄のことを武田に話していた。敬文が立原の母と結婚する前、別の女性との間にもうけた長男だという。晩年、その名を正春だと告げた。武田はこれも創作ではと訝しんだが、立原の口ぶりから少なくとも兄の存在は事実だと確信していた。

後になって兄の名は金奎泰《キムギュテ》と判明する。正春の日本名も事実だった。生まれたのは一九二三年四月。戸籍では立原の実兄として記されていたが、異母兄であることは高井が安東でその三男鎮鎬《チノ》に会って確かめている。高井は鎮鎬が立原に生き写しだったため息を飲んだそうだ。その鎮鎬は日本へ渡った叔父がいると親から聞いた以外、立原について何も知らなかった。

奎泰がどのような生い立ちを辿ったか分からない。恐らくどこか別の家に引き取られたのだろう。奎泰は生まれ故郷にとどまって五男二女をなし、一九七二年に肺の病気で亡くなった。

翌一九七三年の初夏、立原は二九年ぶりの訪韓を果たしている。だが一〇日間の旅程を通じて、なぜか安東には立ち寄らなかった。武田は生まれ故郷を訪ねなかった理由を聞き出そうとしたが、答えをはぐらかす立原の態度から苛立ちを感じ取ったという。

なまぐさい女

立原の母権音伝《クォンウムジョン》は、造り酒屋の四女として一九〇三年に生まれた。出生地とされる豊山面《プンサンミョン》は、西後面の西に隣接した現在の豊山邑《プンサヌプ》だ。山間の台庄里に比べれば多少開けており、裕福な権家は南へ約一〇〇㎞下った都市大邱《テグ》の学校へ子供らを通わせた。なかにはカトリックに改宗する者もいたといわれ、先進的な家風をうかがわせる。

音伝と敬文がもうけた第一子、立原の姉は一九二四年に生まれて一〇カ月後に死んだ。音伝はそれから立原とその弟晥奎《ワンギュ》、後の金井正徳をもうけている。敬文が没した翌年に安東へ移り、それから敬文ではない男性の子を生んだ。これが後にアメリカへ渡ったともいわれる異父妹の芳子だ。『冬のかたみに』では自殺した父が美化される反面、母が「なまぐさい女」と貶められる。まだ幼い立原が赤ん坊を抱く母から嗅ぎ取った大人の臭いが、作中に投影されたのだろうか。

音伝は安東にいた三年間、女手一つで子供らを育てた。だが生活は苦しく、一九三五年三月に姉の嫁ぎ先を頼って神奈川県横須賀市へ移る。この時ともに連れて行ったのは、睆奎と娘の二人。立原は安東と大邱のおよそ中間に位置する亀尾《クミ》にいる音伝の弟権泰晟《クォンテソン》に預けられた。生活に窮する音伝は三児の面倒を見る余裕がなく、年長の立原だけ後から呼び寄せるつもりだったようだ。開業医の泰晟は裕福だったが独身で忙しく、立原の亀尾時代は孤独だった。

泰晟はその後、朝鮮戦争の際に自らの意思で北へ渡った。音伝の存命中はたまに手紙のやり取りがあり、一九七〇年頃には開城《ケソン》病院の院長になったと写真を送ってきたこともある。だが叔父からの消息はほどなくして途絶えた。

貧しい母に反発した日々

芥川賞を二度逃した後、一九六六年に『白い罌粟《けし》』で第五五回直木賞を受賞。純文学を志向する立原は、受賞の辞退も考えたといわれる。だがその後は自身の実力を試すように、純文学と大衆文学の二刀使いに挑戦していった。

やがて流行作家として成功した立原は、一流の美食家、日本文化の粋を知り尽くした風流文士としての名声を手にする。帝国ホテルを執筆の場とし、客を高級料亭に招いては食に対する造詣の深さで唸らせた。だが彼に近い人たちは、しばしばそうした気負いが空回りするのを目にしたという。高井は茶器の専門家である林屋晴三が「立原さんには、文化がなかったから辛かったでしょう」と評したのを聞いた。「宇治の茶の家に生まれた」林屋の目には、努めて一流たろうとする男の振る舞いがことさら見え透いて映ったのだろう。

だが林屋の真意はともかく、文化がなかったという言葉はある面で的を射ている。立原の日本文化に対する独特な描写が読者に感銘を与えたのは、異邦人としての視点があったからだ。端正な日本語にも、違う言語を母語とする書き手ならではの苦心があったのかも知れない。

またもう一つ、立原は生まれながらに瀟洒な生き方を身につける機会に恵まれなかった。

立原一人を半島に残して横須賀へ渡った音伝は、頼りにした姉夫婦とうまく折り合わなかったという。そのため音伝はメリヤス工場などの働き口を求めて、京都、大阪を転々とした。音伝はやがて横須賀へ戻り、鉄屑回収業を営む四歳年下の王命允《ワンミョンユン》＝野村辰三と再婚。商才に欠ける野村も貧しかったが、ひとまず居場所の落ち着いた音伝は一九三七年春に立原を横須賀へ呼び寄せた。

音伝は野村に代わって屋台や乾物商などに精を出し、一家の家計を支えた。だが弟の正徳によると立原はそんな母に反発し、継ぎをあてた服を着ることも嫌がったという。

野村少年の思い出

妻の光代はそうした時代の立原を記憶している。

立原は一九三八年一月、横須賀の尋常高等小学校の尋常科五年に転入した。その一学年下にいたのが光代だ。彼女は『追想 夫・立原正秋』でこう綴った。「そのポプラの幹に、背の高い、色白の男の子が寄りかかっているのを、しばしば見るようになったのです。その光景だけが、今も鮮やかに私の記憶に残っているのが不思議です」。

立原は小学校転入に際して野村震太郎と名乗っている。一九四〇年の創氏改名以前からすでに「内鮮一体」の同化政策によって通名の使用が一般化していたからだ。もちろん周りはみな、野村震太郎が朝鮮から来たことを知っていた。唯一の親友だった日本人同級生は、野村震太郎の母が話したたどたどしい日本語を聞いている。

貧困のなかで家族を養った音伝は、教育の価値を理解していた。彼女は長男の立原だけでなく、「小学校を出て直ぐに働きたかった」という正徳も大学に入れている。光代は義母の音伝についてこう語った。「几帳面な人で、物の道理にきびしく、頑固でした。立原に似ているんです」。

商業学校に進んだ立原は剣道に打ち込んだが、ほどなく文学に心を奪われる。これは国語漢文担当の博学な教師の影響が大きかったようだ。やがて二間しかない野村家の四畳半が立原の書斎として与えられ、文学書で埋め尽くされた。

光代との結婚

一九四一年、弟の正徳も立原と同じ横須賀商業学校へ進む。正徳の親友となった米本和昭は、光代の弟だ。この縁で米本家とのつき合いが始まり、光代は立原を「兄さん」と呼んで慕った。

一九四三年一二月、立原は戦時下の特例として横須賀商業学校を三カ月繰り上げで卒業する。自筆年譜には京城帝国大学予科に一時在籍したように書かれているが、これは創作だ。一九四四年三〜六月に半島へ戻ったのは事実だが、光代によれば異父妹の戸籍の問題を解消するのが目的だった。

立原は一九四五年四月、早稲田大学専門部法科に入学する。文学に傾倒していた彼が法科へ進んだのは、身内の勧めにしたがったためだという。だが翌一九四六年に文学部国文科の聴講生となり、その翌年に法科の除籍通知を受け取った。

獣医だった光代の父は、彼女が小学校三年の時に他界。その後は光代の母が助産婦をして子供らを育てた。光代の母は立原に好意を持っていたが、娘との結婚については「いいとも悪いとも返事をしなかった」という。だが親戚もこぞって反対するなか、光代の母は娘を庇う決意をする。光代は母が亡くなる直前、結婚に反対する親戚が絶縁すると言ってきたことを明かされた。また立原の没後、女学校の同級生たちも光代の結婚に不満を漏らしていたことを知った。

死の床にかけられた名札

立原が他界した当時、癌は患者に告知されないのが通例だった。一九八〇年二月の精密検査で見落とされた食道癌は、その後二カ月で流動食すら受けつけない状態にまで成長する。同年四月に入院した聖路加病院では、すでに食道から気管まで突き破っていることが分かった。

立原は同月、前年秋から始めた『その年の冬』の新聞連載をいったん第一部完として中断する計画を話している。病気を理由に作家が連載を放り出すような印象を読者に与えないためだ。療養後にまた第二部を始めるつもりだったが、この計画は実現しなかった。

五月、立原と親交の厚い日本経済新聞社社長、圓城寺次郎のすすめで国立がんセンターに転院。その職員が杓子定規に戸籍上の本名である米本正秋を病室の名札に書いたことで、立原が激怒した。彼はそれまでずっと公私ともに立原正秋を名乗って生きてきたからだ。改めて立原の心中を察した武田は、見舞いの帰りに偶然見かけた法律事務所へ駆け込む。事情を理解した弁護士の尽力で、六月一一日に立原姓への改姓許可が下りた。

立原との生活

光代は後に「立原との生活は忍の一字でした」と回想している。一方で「立原より私の方が強かった」ともいう。立原は結婚当初からその激しい気性を光代にぶつけ、凄まじい嫉妬心で行動を束縛した。無名時代には職を転々としながら家計を顧みず、作家デビュー後は愛人と借りた家に「立原」の表札をかけていたこともある。光代はその家から立原が自宅へ帰ってくるたび、玄関で下着に至るまで服を全て脱がせた。立原は光代に言われるまま、大人しくしたがったという。

立原はまた息子と娘に惜しみない愛情を注ぎ、子供らもわがままな父親を慕った。光代は「寂しい人でした。家族以外に心を打ち明ける相手がいなかったんでしょう」とも評している。

亡くなる数日前、立原は病床で唐突に「済まなかった」と光代に言った。光代は一瞬息を飲んだが、「あなたと暮して来て、あたしも仕合せでした」と返した。

光代は立原ががんセンターに転院した後、週にひと晩帰宅する以外ずっと病室に泊まり込む生活を続けていた。だが右の会話の後に帰宅した光代は、動けなくなって二日間家に閉じこもる。三日目の朝、ようやく力を振り絞って病院へ到着した。立原は光代が戻るのを待っていたように、その日の午後に息を引き取った。

大歓声に沸く球場のチマチョゴリ

張本勲

プロ野球選手　一九四〇～
広島県広島市出身　二世

離農して海峡を渡った夫婦

一九一一年公布の土地収用令、また翌年からの土地調査事業をはじめとする朝鮮総督府の施策は、前近代的な土地所有の概念しかなかった朝鮮の農民に大きな影響を与えた。明文化された所有権を主張できない者、税金や公課金が負担できない者らが次々に離農し、雑役に就く労働者となった。彼らは職を求めて海峡を渡り、日本の土木現場、また都市の隅々で働くようになった。

一九三九年にも朝鮮で大きな干ばつがあり、大量の離農者が発生している。慶尚南《キョンサンナム》道《ド》昌寧郡《チャンニョングン》で農業に従事していた張相禎《チャンサンジョン》、朴順分《パクスンブン》夫婦が広島県での暮らしを始めたのは、この年の春だ。

夫婦はこの時、長男世烈《セヨル》、長女点子《チョムジャ》、次女貞子《チョンジャ》を伴っていた。そして翌一九四〇年六月一九日に広島市大洲町（現南区）で生まれた末っ子が、勲《フン》。つまり張本勲だ。張家にはそれから玉子《オクチャ》と名づけられた娘が生まれるが、勲が二歳の時にはしかで死んでいる。

広島県には数年前から古道具屋を営んでいる相禎の弟応道《ウンド》がいた。相禎は先に単身渡日してその仕事を手伝い、どうにか暮らしていける算段がついたところで妻子を招いたらしい。

この間に相禎と応道が交わした手紙が残っている。勲によると彼の父親は相当な達筆だったらしい。大洲町で書道塾を開いたという勲の回想もある。その一方で相禎は博打好きで酒癖と女癖が悪く、妻にしょっちゅう手を上げていたとも語った。ただしこれは応道から聞かされた話であり、勲にその直接の記憶はない。

相禎は日本での定住に目処が立った頃、一人で半島へ戻った。移住の最終的な段取りとして、郷里の財産を処分したり親戚に挨拶するのが目的だったようだ。ところが相禎は帰郷中に食べたタチウオの骨が喉に刺さり、数カ月苦しんだ末に死んでしまったという。父親が他界したのは戦後すぐ、勲が五歳の時だ。

悔し涙をこぼした叔父

日本に残された張家でも、壮絶なできごとが続いた。一九四四年の冬、四歳だった勲は大火傷を負う。土手で焚き火をしてサツマイモを焼いていたところ、バックしてきた三輪トラックが勲を炎のなかに突き飛ばしたのだ。

運転手は勲を家まで運んだ後、行方が分からなくなった。半狂乱で勲を病院へ担ぎ込んだ順分は、ろくな処置もされなかったと後に話している。この事故が元で勲の右手は薬指と小指が三分の一ほどの長さになって癒着し、親指と人差し指が内側に曲がったままになった。

叔父の応道はせめて治療費を請求しようと、消えた運転手を探すよう警察に懇願する。だが「なんだおまえら朝鮮人か」と言われ相手にされなかった。応道はおとなしく物静かな性格だったが、中学生の勲にこの話を聞かせた時は悔しさに声を震わせて涙を流したという。それから間もなく、応道は買い出しに出かけた九州で列車に轢かれて世を去った。

死没者名簿にあった姉の名前

「一〇万人を超える日本人男女と子供、何千人もの朝鮮人、そして一二人のアメリカ人捕虜」。二〇一六年五月にバラク・オバマ米大統領が広島市の平和記念公園で行った演説で、原爆の犠牲者がこのように述べられた。

当時の広島県の朝鮮人人口は約九万人、広島市で約五万人とされる。市内の人口と死者数の比率から考えると朝鮮人の犠牲者は数万人規模と推定されるが、実態は掴めていない。

広島市の原爆死没者名簿に記載された朝鮮人は、二〇一七年八月時点で二七三四人。その一人に鶴見町（現中区）で被爆して死んだ一二歳の少女、張点子がいる。六年前の春に半島から連れてこられた張家の長女、つまり勲の姉だ。

原爆が炸裂した時、五歳だった勲は近所の子供らと遊ぼうとバラック長屋の戸を開けた。次に気づいた時には、ガラスの破片で血を流す母親が覆いかぶさって自分を庇っていたという。下の姉、貞子も一緒だ。それから「逃げて！早く！」と叫ぶ母の朝鮮語を聞いた。

当時住んでいた段原新町（現南区）は爆心地から二・三㎞の距離があり、間に比治山をはさんでいる。そのため親子は長屋の倒壊だけで難を免れた。

兄の世烈は中学校へ登校、姉の点子は勤労奉仕に駆り出されて家を出た後。母親は勲と貞子を避難所代わりの畑に置いて二人を探しに走り、しばらく経って世烈とともに戻ってきた。世烈は登校中に広島駅で列車から投げ出されたが、左手に火傷を負っただけで済んだという。

その夜の光景は五歳の勲の脳裏に焼きつき、とりわけ人肉の焼ける臭いが記憶に刻まれた。勲は、世烈らが点子を担架で連れ帰ったのが翌日か翌々日だと記憶している。長身で色白の美少女は全身に熱線を浴びて変わり果て、服に縫いつけた名札がなければ誰かも分からなかった。

点子は二日ほどの間のたうちながら「熱い、苦しい」と呻き続けた後、息を引き取った。母親は尋常でない絶叫の後、遺品はおろか点子が存在した痕跡を一つ残らず捨ててしまう。世烈と勲が持っていた小さな写真も取り上げられて処分された。後になって点子が死んだ時のことを聞いても、答えようとしなかったという。

原爆死没者名簿は、遺族らの申請で名前が記載される。勲は二〇一一年まで、点子の名前がそこにあることを知らなかった。恐らく世烈が母親に内緒で申請していたのだろう。世烈は名簿について何も語らないまま、一九九六年に六四歳で没している。

チマチョゴリで暮らした母

母子は戦後間もなく、相禎の訃報を受け取った。日本語が不自由で文字も読めない順分は、子供らを連れて故郷へ帰ろうとも考えたらしい。だが広島市の猿猴川から半島へ向かうヤミ船が沈没する事故が起こったこともあり、断念したようだ。

順分はやがて猿猴川の土手の下にあった六畳一間に三畳の土間があるだけの小屋を借り、ホルモン焼き屋を始める。ミカン箱のテーブルで客席をしつらえ、くず肉を売る闇市まで片道一時間の距離を歩いて通った。主な客は、周辺で働く労働者たちだ。順分の料理は評判がよかったらしく、勲は自宅を兼ねた食堂が客でにぎわっていた様子をよく記憶している。

勲が東映フライヤーズに入団してパ・リーグの新人王に輝いた一九五九年のことだ。勲が「この右手がもう少し動けば」と愚痴をこぼすと、順分が声を上げて泣いた。

勲は小学校四年生の時、癒着した薬指と小指を切り離す手術を受けている。その際に勲の太ももの筋肉の一部が右手に移植された。順分はこの時、「私の肉を使ってくれ」と何度も医者に頼み込んでいたという。

ろくな処置も受けられず、警察にも追い返されて応道が悔し泣きした勲の傷――。順分が抱えていた罪悪感の大きさは、勲にさえ計り知れなかった。

勲は二〇歳の時、その母に里帰りをプレゼントしている。夜に到着した順分は、出迎えた実の妹と二人して朝まで互いの名を呼びながら泣き通したという。

日本に定住していても、順分の朝鮮人としての生き方はさほど変わらなかったようだ。一九七六年に勲が広島ファンから出自を罵るヤジを浴びた騒動では、朝鮮語と広島弁まぜこぜで憤慨を伝える順分のコメントが週刊誌で紹介された。勲も二〇〇八年に韓国KBSテレビの取材を受けた際、母から聞いて覚えた祖国の言葉で八月六日の体験を語っている。

勲が洋装を勧めても順分は「似合わないから」と断り、チマチョゴリでの暮らしを通した。ホームランで三〇〇〇本目の安打を飾った一九八〇年五月二八日には、ファンの大歓声を受ける勲のかたわらにチマチョゴリを着た老母の姿がある。順分はそれから四年後に八三歳の生涯を終えた。

人生をつないだ兄の仕送り

勲が野球を始めたのは小学校五年生の時だ。同時に幼少時の凄まじい不条理に抗うように、少年時代の勲は荒れに荒れまくった。喧嘩の相手に生死をさまよう重傷を負わせたこともあるという。長身で強面、気性が激しく手の早い勲に対して、面と向かって出自をからかおうとする者はほとんどいなかった。一緒に暴れていた親友のなかには、後に暴力団の組長になった者もいる。

そんな勲を日のあたる世界につなぎ止めたのは、タクシー運転手として家計を助けていた一〇歳年上の兄、世烈だ。中学を卒業した勲は甲子園出場を目指したが、自宅から通学できる範囲には札つきの不良少年を受け入れる強豪校がなかった。だが野球で頂点を目指すという目標が絶たれたら、弟が道を踏み外すのは目に見えている。世烈は月一万八〇〇〇円の稼ぎのうち一万円を勲に仕送りして、大阪の強豪校、浪華商業高等学校に通わせた。

だが勲は野球部内で起きた暴行事件の責任を取らされ、甲子園出場をふいにする。本人によると、朝鮮人を嫌っていた部長が彼に濡れ衣が着せたという。勲を欠いた浪華商は、一九五八年夏の大会で一回戦敗退という屈辱に甘んじた。

日本プロ野球協約の改定

代わりに勲は在日韓国人高校生の選抜チームとして訪韓し、韓国各地の球児たちと試合をしている。祖国で戦ったこの大会が、彼にとっての甲子園となった。順分はなぜか男子が帰国すると徴兵に取られると思い込んで反対し、勲は説得に苦労したそうだ。

当時は日韓の国交が正常化する前だが、在日韓国人らの公式な行き来は行われていた。朝鮮戦争の休戦から三カ月後の一九五三年一〇月に韓国で行われた「第三四回全国体育大会」にも、在日韓国人選手が参加している。

勲が参加したのは、現地の韓国日報社が一九五六年から主催していた「在日僑胞学生野球団・母国訪問競技」という大会だ。甲子園に出場しなかった在日韓国人の高校生選手三〇人近くが選抜され、八～九月に韓国各地の高校と対戦した。新聞社の宣伝もあって彼らは大きな歓待を受け、球場には万単位の観客が集まったという。

ただ実力差は歴然としており、大会開始当初から在日チームの圧勝が通例だった。一九五八年の戦績は、当時の現地紙が在日チームの一二勝一分一敗と伝えている。

韓国遠征から戻った後、勲はプロ一〇球団からスカウトを受ける。入団を希望した東映フライヤーズでは、国籍の問題が持ち上がった。韓国籍の勲が入団すると、日本プロ野球協約が定める外国人選手数の枠をオーバーするからだ。だがこの機に協約の改定が行われ、一九四五年以前に日本で生まれた選手は別枠とされるようになった。

一九五九年に新人王、一九六一年に初の首位打者、一九六二年にパ・リーグの最優秀選手賞を受賞。一九八一年の引退までに首位打者七回、そして通算三〇八五本安打で日本プロ野球公式歴代一位の記録を残している。退場になったことこそないが、バッターボックスから凄みを利かせる殺気立った姿勢は「ケンカ野球」と評されもした。その姿はフラッシュを浴びる母のチマチョゴリとともに、昭和日本の記憶に刻み込まれている。

七〇年目を迎えた挑戦

韓《ハン》昌《チャン》祐《ウ》

株式会社マルハン代表取締役会長　一九三〇〜
慶尚南道泗川郡三千浦面（現泗川市）出身　一世

八六歳のアントプレナー

二〇一七年七月、カンボジアのプノンペンで金融機関の本社ビル起工式が行われた。カンボジア国土管理都市計画建設省長官らが隣席するなか挨拶に立ったのは、日本から来た一人の老人。すでに八六歳を迎えた在日一世、韓昌祐《ハンチャンウ》だ。

「今年六〇周年を迎えたマルハンのように、カンボジアという国、そしてここに住む人々もさまざまな困難をハングリー精神とチャレンジ精神で乗り越え、成長することができると信じている」。

韓がこう述べると、建設省長官も「カンボジア政府はマルハンのようなパートナーと友好を結び、協力し合えることを大変ありがたく思う」と応えた。

マルハンは三二一店舗（二〇一七年三月期）を展開する日本最大のパチンコチェーンだ。売上一兆六七八八億円、従業員数一万二五〇五人（同）を数える。その代表取締役会長を務める韓がカンボジアに通うのは、現地で新しく銀行業に乗り出したからだ。

きっかけは一〇年前、二〇〇七年に遡る。韓はプノンペンの首相官邸でフン・セン首相と会談し、事業投資の意欲をアピールした。フン・セン首相もカンボジア政府として支援を約束した。当初はバイオ燃料の栽培も持ちかけられたというが、韓の意中にあったのは銀行だ。現地視察した韓は、貧しい人々にみなぎる向上心を痛感した。だが向上心があっても、仕事がなければ前へ進めない。その仕事を作り出すのが、資金を融資してくれる銀行なのだ。

カンボジアでマイクロファイナンスに挑む

韓はカンボジア当局に新銀行設立の申請を出したが、現地政府の反応は鈍い。そこで二〇〇八年に地元の投資銀行を三億円で買収し、商業銀行に転換。カンボジア初の日系銀行マルハンジャパン銀行と改称した。

だが買収した銀行は「中身を見たらボロカス」（『週刊東洋経済』二〇一六年一一月一九日号）。しかも銀行経営はマルハンにとって未知の領域であることに加え、日本と大きく異なる環境で邦銀のノウハウも通じにくい。二〇一一年にはカンボジアで初めて証券取引所も開設されたが、二〇一七年一二月期で上場企業は五社にとどまる。

そこで韓が目をつけたのが、マイクロファイナンスだ。これは貧しい人々向けに融資や貯蓄を提供する小口の金融サービス。二〇〇六年にノーベル平和賞を受賞したバングラデシュのグラミン銀行が代表例だ。貧困層の自立を促し、経済発展を促進するとも期待されている。

韓はそうしたマイクロファイナンスの一つ、サタパナ社をパートナーに選んだ。非政府組織（NGO）を前身とする同社を急成長させた経営者、ブン・モニーの手腕を高く見込んだからだ。

マルハンジャパン銀行は二〇一二年にサタパナ社の大株主となって傘下に収め、二〇一六年にマルハンジャパン銀行と統合。統合後の社名にマルハンの名は盛り込まず、ただ「サタパナ銀行(SATHAPANA Bank Plc.)」とした。韓は取締役会長に就任したが、初代最高経営責任者（CEO）はモニー一人に任せている。

銀行業にかける執念の源泉

韓は二六歳で興した事業を売上二兆円の巨大企業に育て上げ、すでに創業六〇周年を迎えた。一九九九年には、勲三等瑞宝章を叙勲されている。翌年にその祝賀パーティを開いた時、韓は七〇歳になったらのんびり余生を送ろうと考えたという。それが米寿を間近にしながら未知の領域に挑んだのは、銀行業に対する執念が新たに湧き上がったからだ。

在日への融資に消極的だった日本の金融機関は、同じ風俗営業の業者でも露骨にパチンコ店を冷遇した。大阪市立大教授朴一《パクイル》に「企業を大きくする過程で一番苦労したことは何か」と問われた韓は、「迷わず『日本の銀行からお金を借りること』と答えた」という。二兆円企業の会長となった後に記した自著にも、その憤りが昨日のことのように生々しく綴られている。

またもう一つ、韓は銀行設立を巡って痛恨の挫折を強いられた体験があった。バブル崩壊後の金融危機で破綻した在日の民族系金融機関――東京商銀、関西興銀、京都商銀、福岡商銀の受け皿となる新銀行の設立が模索されていた時のことだ。

韓は二〇〇一年、駐日韓国大使のたっての依頼でその出資金集めに奔走する。韓の回想によれば、韓国大使は日本国内で一定額が集まれば韓国政府が一〇〇億円上乗せすると約束したという。新銀行は韓国大使の名前の一字を取って「ドラゴン銀行」と名づけられた。韓はわずか一〇日間ほどで錚々たる在日の財界人から計二〇〇億円近い出資金を集め、新銀行設立に必要な手続きを進めていく。

だがその第一回発起人会の九日後、関西の民族系金融機関である近畿産業信用組合が関西興銀と京都商銀の受け皿として名乗りを上げた。近畿産業信用組合の会長は、エムケイタクシー創業者の青木定雄。兪奉植《ユボンシク》ともいう。金融庁は受け皿を競争入札で決めると決定し、韓は敗北を喫した。

韓国大使が約束した韓国政府の後ろ盾は反故にされたという。激怒した韓は韓国政府を訴えると宣言したが、本国との争いは在日社会のためにならないと諭されて断念した。

自分に襲いかかるこうした不条理に、韓は常人離れした闘志と行動力で立ち向かってきた。八〇歳をとうに過ぎても尽きない銀行業への意欲は、そんな彼の生き様そのものだ。

半島南端で貧しい小作農の子に生まれる

韓昌祐は一九三〇年、半島の南端中央に位置する慶尚南道《キョンサンナムド》泗川郡《サチョングン》三千浦面《サムチョンポミョン》に生まれた。五人兄弟の三番目だ。戸籍上は一九三一年生まれとなっているが、当時は出生年がいい加減に扱われることが珍しくなかった。

父韓正洙《ハンジョンス》と母梁乾伊《ヤンゴニ》が結婚したのは、大韓帝国が滅亡した翌年の一九一一年。短気で酒好きの父はよく癇癪を起こし、子供らにも手を上げた。韓の目には古風で慎み深い母のほうが、思慮深い人物に思えていたという。

海に面した三千浦は、早くから海運や漁業の拠点とされた。風光明媚な景色に恵まれ、現在は観光地としても親しまれている。だが韓が生まれた当時は、住民の多くが貧困にあえいでいた。しばしば水害や旱魃に見舞われ、韓が生まれた翌年には「赤貧者」に医療の施しが行われている。一家の生業も貧しい小作農であり、韓は粗末な藁葺きの家で少年時代を過ごした。コーリャンやアワを主食とし、白米が食卓に上ることはほとんどなかったという。

「皇国臣民ノ誓詞」が制定された一九三七年、韓は普通学校に入学する。「皇国臣民ノ誓詞」は、大日本帝国の臣民として天皇に忠義を尽くすことなどを掲げた三か条からなる宣言文だ。大人用と子供用があり、もちろん韓も「天皇陛下ニ忠義ヲ尽シマス」などと誓う後者を学校で暗唱している。

日本統治下の朝鮮の初等教育は当初、朝鮮人が普通学校、日本人が小学校で学んだ。だが普通学校は一九三八年、小学校へ統合される。韓も日本人と同じ学校へ通うようになったが、朝鮮人と日本人の授業は別々に行われていた。

創氏改名で「西原昌祐」に名前が変わったのは、その翌年だ。さらに一九四一年から小学校が国民学校となり、皇民化教育の強化とともに朝鮮語が教科から消えていく。

韓が国民学校を卒業したのは一九四三年。学年で一、二の優秀な成績を収めた韓は、地元篤志家の支援を受けて中学へ進学する。そして三年生に進級した年、故郷で日本の敗戦を迎えた。

反共団体の脅迫

徴用工として九州のレンガ工場に駆り出されていた一〇歳年上の兄韓《ハン》昌《チャン》鎬《ホ》が故郷へ戻ってきたのは、一九四四年のことだ。そして戦争が終わると、兄は一緒に日本へ渡ろうと韓に呼びかけた。韓はこの誘いに乗り、一九四七年一〇月に密航船に乗り込む。

日本からの解放で朝鮮半島は歓喜の声に沸いたが、長くは続かなかった。

一九四五年九月に南朝鮮を占領して米軍政庁を置いたアメリカは、呂運亨《ヨウニョン》ら民族主義左派が樹立した「朝鮮人民共和国」を共産主義勢力として否認。アメリカは朝鮮総督府の高位職にあった親日派で保守系の朝鮮人らを起用し、軍政の実務にあたらせた。そして同年秋、亡命していた独立運動家の李承晩《イスンマン》と金九《キムグ》がそれぞれアメリカ、中国から帰国する。反共主義者の二人は呂運亨らへの対抗馬を結集したいアメリカの思惑に乗り、保守系政治勢力として台頭していった。

同年一二月、朝鮮が米英中ソの信託統治下に置かれるというニュースが半島へ届く。即時独立を求める朝鮮人は反対したが、朝鮮共産党は一九四六年一月に独立へ至る過渡的な解決策として支持を表明。だが期限つきの信託統治を再植民地化と思い込んだ人々は、即時独立をアピールする保守勢力の反共活動に取り込まれた。こうして朝鮮は左派勢力＝「賛託」（信託統治に賛成）、保守勢力＝「反託」（信託統治に反対）に分かれ、互いに激しく対立。やがてそれぞれ武装してテロの応酬となり、多数の死傷者が出る混乱に陥った。

この時期、李承晩を初代総裁とする大韓独立促成国民会、済州島四・三事件でも猛威を振るった西北青年会などの反共団体が登場。左派勢力と目された人々への攻撃、テロを繰り返した。

三千浦でその標的とされた一人が韓だ。心情的に左派を応援していた彼は、一九四七年二月の教職員と学生らの反米ストを地元の中学校で主導したかのように吹聴された。目をつけられた韓は反共団体の脅迫を受け、テロの危険に晒されるようになる。

夜の街に響いた下駄の音

同時期にまた朝鮮で猛威を振るっていたのが、食糧難とインフレだ。米軍政庁は解放までの統制経済を廃止して自由経済を導入したが、急激なインフレ、富裕層による投機的な買占めなどの混乱を招く。そのため一九四六年から統制経済への転換を図るが、今度は不正が横行。民衆の不満と米軍政への不信はいっそう高まった。

日本からの帰国者が大量に流入したことも食糧難の大きな要因だ。解放から一九四六年三月までに日本から半島に戻った朝鮮人は、約一四〇万人。食糧難とインフレに喘ぐ民衆は、急に増えたこの人口を厄介者扱いした。

半島から日本への逆流現象が起きたのは、こうした状況下でのことだ。GHQが把握している日本への密航者数は、一九四六年で約二万二〇〇〇人。翌年の外国人登録令でいったん減った後一九四九年にまた一万人近くにまで増えるのは、済州島四・三事件の影響だろう。

「おまえがここにいても大学に進学できる境遇じゃない。おそらく就職もできないだろう。この先なんの希望もないから、一緒に日本に行かないか」(韓昌祐著『十六歳漂流難民から始まった2兆円企業』出版文化社)。こう言って韓に密航を勧めた兄は一九四七年秋、妻と一足先に日本へ渡る。兄は茨城県の朝鮮人部落で落ち合う手はずを整え、密航船に同乗する男に韓をそこまで連れていくよう頼んでくれた。

密航船は詐欺も横行していたという。ただ半島の沿岸をぐるぐる回って時間をつぶし、日本に着いたと偽って人気のない海岸に下ろして消えるわけだ。

だが幸い韓は、すさまじい船酔いの末に下関まで辿り着く。下関の港を照らしていた下弦の月、そして故郷の村と全く異質な夜の街に響いていた女性の下駄の音――。この二つは半世紀を超えて韓の記憶にとどまり続けたという。

在日として歩み出す

日本に着くと、茨城まで案内してくれるはずだった男が姿を消した。韓は仕方なく、兄から聞いていた下関の旅館に身を寄せる。するとかつて三千浦に暮らしていた金光という男が、韓を訪ねてきた。金光が韓をともなって赴いたのは、下関の役場。韓はそこで、同年五月から施行されていた外国人登録の手続きをした。

米英中が対日戦後処理など話し合った一九四三年のカイロ宣言には、朝鮮を解放、独立させることが盛り込まれている。これに基づいて、日本が降伏した後の朝鮮人は「解放国民」として扱われることになった。しかし日本にとどまった朝鮮人は共産党との関わりが深かったため、ＧＨＱにとって占領秩序を乱す不穏な集団と見なされる。

ＧＨＱは一九四六年一二月、日本に住む朝鮮人を日本の司法権に従わせることを決定。一方で日本政府は、旧植民地出身者の参政権を停止する改正法を制定した。続いて一九四七年五月の外国人登録令により、在留外国人の登録と違反者の強制退去が制度化される。こうしてかつて日本国民だった在日朝鮮人は解放国民を経て、日本政府に管理される外国人に変容していった。

外国人登録令の施行を知っていた兄は、韓が強制送還されないようその手続きを金光という男に頼んでいたのだろう。韓は金光に所持品を売って手持ちの現金を増やすと、一人で汽車に乗り茨城を目指した。一六歳で単身海を渡った韓は、こうして在日としての一歩を踏み出す。

パチンコとの出会い

故郷で韓の中学校入学を助けてくれた篤志家は、精米所で財を築いた三千浦の有力者だ。だが朝鮮戦争の際に半島南端まで下ってきた人民軍兵士に連れ去られ、北で生涯を終えたという。韓は後に恩返しのつもりで、自らも多くの留学生を援助している。

韓が入学した旧制中学校は、五年の課程を終えると大学受験資格が得られた。密航で卒業はできなかったものの、韓は朝鮮奨学会の検定試験を通じて大学への入学資格を手にした。朝鮮奨学会は一九〇〇年に始まった韓国公使館の留学生監督業務をルーツとし、戦後は在日コリアン主体となった財団法人だ。こうして韓は一九四八年四月、法政大学専門部政治経済学科に入学した。

日本で学費や生活費の面倒を見てくれたのは兄、そして義兄にあたる姉韓順伊《ハンスニ》の夫だ。大学ではマルクス、レーニン、毛沢東の著作を熱心に読んだが、韓は後に「もっと世の中の役に立つ学問にエネルギーを注げばよかったと後悔することがある」と振り返っている。

半島で繰り広げられていた左派勢力と保守勢力の対立は、日本でも再現されていた。その主役は共産党とともに活動した在日本朝鮮人連盟（朝連）、そして在日本大韓民国民団の前身である在日本朝鮮居留民団（民団）だ。両者は一九四五年末から、各地で衝突を繰り返していた。

韓国と北朝鮮がそれぞれ国家の樹立を宣言するのは、法政大学に入った一九四八年の八月と九月。だが韓は二つの新政府誕生にあまり関心がなく、政治活動をする気にもなれなかった。大学で左翼思想に接していたが、朝連からの誘いもなかったと回想している。一流大学を出ても当時は就職難であり、朝鮮人にいたってはなおさらだった。韓はただ大学を卒業したら韓国に戻り、政治家になって社会に奉仕したいと考えていたという。

だが法政大学専門部三年生、一九歳の時に朝鮮戦争が勃発する。帰国を断念した韓は海外留学に活路を見出し、身内に費用を借りようと考えた。そこで向かったのが、京都府中郡峰山町（現京丹後市）。渡日した時は茨城にいた義兄がこの間に峰山町へ移り、事業を営んでいたからだ。

だが留学費用を借りる話はあっさり断られ、行くあてのない韓は仕方なく義兄の店で働き始めた。これが韓とパチンコの出会いだ。

出玉と売上の相関を独自に研究

韓が峰山町にやって来たのは一九五三年、二二歳の時だ。当初は一年ほど働いたら東京に帰ろうと考えていたという。だが実際に韓が峰山町を離れたのは、それから二七年も経った一九八〇年。一九七三年のオイルショックで「天文学的な債務」（奥野倫充著『マルハンはなぜ、トップ企業になったか？』ビジネス社）を抱えた韓がようやく事業を建て直し、急成長を始める直前のことだ。

一九四九年に約五〇〇〇軒だったパチンコ店は、一九五三年には約四万三〇〇〇軒に急増する。一九五三年はそれまで玉を一つずつ手で穴に入れて打っていた手打ち式に代わり、片手で続けて打てる連発式が登場した年だ。だが連発式は射幸心を煽りすぎるとして当局に咎められ、一九五四年から翌年にかけて禁止される。このせいで峰山町に二〇数軒あったパチンコ店は、義兄の店を含めて四~五軒に減少。さらにライバル店に客足を奪われた義兄は、韓に店を譲って峰山町を去った。

パチンコ経営の基本は出玉だ。客は玉が多く出ると感じた店に流れるが、店側は出しすぎると損をする。韓は売上との相関を独自に研究しながら出玉を調整し、ライバル店から客を奪い返した。そして一九五七年、峰山町で名曲喫茶「るーちぇ」を開業する。るーちぇ(luce)はラテン語で「光」を意味し、韓は自分の将来を照らす希望との意味を込めたという。

故郷の惨状を自らのバネとする

名曲喫茶はクラシック愛好家である韓の趣味だが、ビジネスとしても狙いがあった。峰山町には当時の京都で有数のお茶屋街、いまでいう歓楽街があったが、遊興を終えた客がひと息つく喫茶店がなかった。そこで韓はお茶屋街にほど近いダンスホールの向かいにあった材木倉庫を借り、喫茶店に改装。さらにうどん一杯二〇円だった当時、韓はコーヒー一杯に六〇円の値をつけた。韓の回想によると、当時の峰山町は丹後ちりめんで好況に沸いていたという。目論見通りるーちぇは大繁盛し、一五人もの従業員を抱えるまでになった。

るーちぇ開業の年、韓は四時間かけて羽田空港からソウル市の金浦《キムポ》空港まで飛んでいる。民団が派遣した青年代表団の一人に選ばれ、特別にチャーターされたプロペラ機で派遣されたのだ。この時、上京した両親とソウルのホテルで一〇年ぶりに再会したという。

この訪韓で韓が目にしたのは、朝鮮戦争で荒廃した祖国の惨状だ。「これ以上惨めなものはないだろうと思えるような韓国人の暮らしぶり」が、目に焼きついた。それに比べて日本という恵まれた環境にいる自分は、まだまだもっと頑張れるはずだ——。祖国の光景は韓にとって、日本での逆境に立ち向かう原動力になった。

日本人女性と結婚

一九五八年、義兄から受け継いだパチンコ店を拡張移転する。台数六〇のライバル店に対抗し、九〇台のパチンコ台を並べた。「峰山カジノ」と名づけたこの店が、後に二兆円企業となるマルハンの第一号店だ。

韓は当時、峰山町で西原昌祐と名乗っていた。その彼が日本人女性の鈴木祥子と結婚したのは、峰山カジノ開店と同じ一九五八年だ。

同年に兵庫県神戸市で鈴木を見初めた韓は声をかけ、デートを重ねた。自分が韓国籍だと告げたのは、交際から二カ月ほど経った頃だ。韓によると、祥子はその時「谷底に、突き落とされたかのような気分でした」と後に振り返っている。

ただしこれは韓に対する感情ではなく、両親が決して結婚を許さないだろうという絶望からだ。祥子の予想に違わず、両親はもちろん兄弟や親戚まで韓との結婚に強く反対した。だが当人たちの決意と韓の人柄に折れ、同年一一月に二人は大阪で挙式する。皇太子婚約が日本中で大ニュースになるのは、二人の結婚から二週間ほど経った頃のことだ。

韓と夫人は五男二女に恵まれる。だが韓が後継者に考えていた長男の哲《チョル》は、一九七八年にホームステイ先のアメリカで一六歳の短い生涯を閉じた。カリフォルニア州のヨセミテ国立公園を見学中、川辺で足を滑らせ季節外れの急流に飲まれたという。最愛の息子を失った韓は茫然自失となって事業意欲すら失い、出社すらしない日々が続く。

日本一のボウリング王を目指す

夭折した哲が小学校三年生の時に書いた作文に、「おとうさんはいつも一人で勉強している」とある。幼い長男の目に勉強と映ったのは、必死で資金繰りの計算に没頭する姿だった。

哲が生まれたのは一九六二年。るーちぇや峰山カジノの成功で波に乗る韓はその二年後、峰山町に地上三階、地下一階のレストランビル「ルーチェ」を建てる。まだ珍しかったエアコン、自動ドアを取りつけ、訪れた人々を驚かせた。店内の清掃からワックスがけ、従業員の身だしなみまで、徹底的に清潔感を追求し始めたのもこの時からだ。当時の峰山町に洋食レストランはここしかなく、生まれて初めてナイフとフォークで食事したのがルーチェという人も少なくなかったという。

狭い峰山町で韓はすでに名士の一人だったが、韓国人の成功を喜ばない日本人も当然いた。一九六六年に峰山町で初の青年会議所が発足した際、韓は出自を理由に入会を断られたという。

日本に浸透し始めたばかりのボウリングと出会ったのは、この時期のことだ。新しいレジャー市場の可能性を嗅ぎ取った韓は一九六七年、すでにパチンコで進出していた豊岡市にボウリング場「豊岡フレンドボウル」を開く。オープニングセレモニーは、豊岡市長はじめ市会議員らが出席する地元の大イベントとなった。

韓は立て続けに峰山町、柏原町でボウリング場を開業し、日本一のボウリング王という野望を抱くようになる。峰山町の青年会議所から締め出された怒りも、そのバネになっていたことは想像に難くない。そんな韓の眼中からすでにパチンコは消えていた。

一瞬にして去ったブーム

韓国紙『中央日報』は二〇〇七年にパチンコ業界の九〇%近くを在日が占めると報じた。だが同時期に韓自身が語ったところでは、経営者の六割程度がそうだという。

かつてパチンコ業が日陰者扱いされていた頃、在日経営者の多くは自分の代で廃業しようと考えていた。子供を立派な職業に就かせたら、世間体の悪い商売から足を洗おうとしていたわけだ。

六〇年代後半にボウリングブームが産声を上げた時、多くのパチンコ店経営者がこの新しいレジャーに進出した。ビジネスとしての投資以外に、ボウリングのほうが健全で世間体がいい商売だと考えたことも要因の一つだっただろう。在日に冷たい金融機関も、ブームのボウリング場建設は融資に積極的だった。ボウリング場建設のバブルが膨れ出していたからだ。

七〇年代初めにはボウリング人口が二〇〇〇万人ともいわれ、テレビではプロボウラーがアイドルスターのように担ぎ上げられる。こうしてボウリングは、あたかも野球のような国民的スポーツとして定着するかのように思われた。

だがそのブームは一瞬で過ぎ去ってしまう。

韓は一九七二年一二月、西原産業株式会社を設立。同月、静岡県静岡市で一二〇レーンの巨大ボウリング場「静清フレンドボウル」を開業した。京都からいきなり静岡へ進出したのは、東西プロボウラーが集まる全国大会の開催地を目指したからだ。

ところが翌一九七三年の正月をピークに客足が鈍り始め、同年五月頃からプレイする客の姿がまばらになる。そして一〇月に第一次オイルショックが発生。世界の原油価格が四倍に跳ね上がり、日本は物価が二割近く高騰する「狂乱物価」に見舞われる。拡大期にあった景気が一気に反転し、多くの企業がそれまでの過剰投資を抱えてばたばたと倒産していった。

巨費を投じた静清フレンドボウルも不良債権となり、韓は六〇億円近い負債を背負う。韓は「いまのお金に換算すると、感覚的に一〇〇〇億くらいだったのでは」と振り返っている。

郊外型パチンコ店の走り

当時の韓は「毎日風呂で自殺することしか考えてなかった」(『マルハンはなぜ、トップ企業になったか?』)という。不渡りを出して自己破産するよう勧める声もあった。だが自分が逃げれば、数百万円単位で融資をしてくれた在日や日本人の友人たちまで同じ目にあわせてしまう。

韓は日本の商社や金融機関など大口の融資元と、事業再建について話し合った。彼の手腕と覚悟を見込んだ担当者らは、厳しく催促しながらも返済計画や新規融資などで折り合いをつけてくれた。また足りない資金は年率三六％の高利貸しから借り、必死で資金を回し続けた。夫人にも債務の額は話さず、毎月数千万単位の金策に駆けずり回った。夫人に向かって「結婚指輪を売らせてくれ」と口元まで出かかったこともあるそうだ。

だめになったボウリングに代わり、韓は再びパチンコに戻った。資金をかき集めた彼は一九七三年三月、客が来なくなったボウリング場の駐車場にパチンコ店を建てる。苦肉の策だったが、これが後にマルハンの主流となる郊外型パチンコ店の走りとなった。やがて郊外店の可能性を確信した韓は一九七五年、神戸市と姫路市の幹線道路沿いに現在でいうロードサイド店舗を開業。これが予想以上の集客力を発揮するヒットとなった。資金繰りの綱渡りは続いていたが、パチンコはこうして韓の窮状を少しずつ改善していく。

愛息の死をはさんだ一九八〇年一〇月、静清フレンドボウルを「ボウルアピア」と改称して営業を一部再開。パチンコ業界に大きな転換点が訪れたのは、それから間もなくのことだ。

八〇年代以前のパチンコは、勝負師のような腕自慢のマニアが技術で勝ち負けを競うような世界だった。だが一九八〇年一一月にＩＣ制御の「フィーバー」、翌年二月に羽ものと呼ばれる「ゼロタイガー」が登場。この二つは腕前に頼らず運次第で大あたりが狙えることから、サラリーマン、学生、そして女性まで客層に取り込むことができた。

こうして一九八一年以降、パチンコの遊技人口は急速な拡大を遂げる。同時に巨大化したパチンコ産業は、かつての日陰者から陽のあたる健全な産業を目指していくことになった。

宮中晩餐会のチマチョゴリ

ボウリング事業の負債を完済したのは、一九八六年三月。一九八八年には社名を西原産業からマルハンコーポレーションに改め、京都に本社ビルを建てた。一九九三年には在日韓国商工会議所の会長として、日本での金泳三大統領の後援会会長に就任。そして一九九四年に金泳三大統領が訪日した際、韓は夫妻で宮中晩餐会に招かれる。

幼い頃に皇国臣民として「忠義ヲ尽シマス」と斉唱した相手の血統を継ぎ、自分たちの結婚から二週間後にその婚約を日本中が祝った人物――。天皇に対して特段の感情はなかったが、招かれて皇居の二重橋を渡る栄誉には高揚を感じたという。夫人は何を着ていくべきか悩んだが、相談した衆議院議員の発案でチマチョゴリを選んだ。

後にマルハン社長となる次男、裕の入社は、売上一〇〇〇億円を達成した一九九一年。翌年には三男の俊も後に続く。夏の甲子園大会に出場した経験を持つ裕は、一九八一年に初めてそのスコアボードに本名を掲げた在日選手の一人だ。二人は一線に立って健全化やマナー向上をさらに押し進め、マルハンは就活中の大学生が会社説明会に集まるような優良企業に変貌を遂げた。もちろんこれはマルハン一社にとどまらず、業界全体に与えた影響も大きい。

この次男と三男をはじめ六人の子供は、みな一九八五年から日本国籍を有している。ただし韓は自分も日本国籍となることに、「貧乏な親を捨てて金持ちの家に養子にいくようなうしろめたさ」があったという。韓がようやくその手続きを終え、韓昌祐＝ハン・チャンウの名で日本国籍を取得したのは二〇〇〇年のことだ。夫人はこの時、姓を鈴木から韓に替えた。

渡日七〇年を経て目標を追い続ける

韓は日本国籍に変えたことで「精神的に変わるものは何一つなかった」と回想している。例えば多民族国家のアメリカは、アメリカ国籍にした後も民族のアイデンティティが保たれるのが普通だ。同じように韓も在日韓国人は日本国籍を取得し、韓国系日本人として参政権を行使していくべきだと説いている。

韓は『日本国籍を取りますか？』（白井美友紀編・新幹社）では次のように述べた。「全世界に七〇〇万人の韓国同胞が住んでいますが、唯一、在日コリアンだけが居住国の国籍を拒否し、韓国籍を維持しつづけています。日本国籍を取る者は売国奴で、韓国籍を保持する者は愛国者だと考えている。こんな考え方をしているのは在日コリアンだけです」。もちろんこれは国籍に対する多様な考えの一つであり、異なる考えを支持する人も多い。

韓は早くから民団活動にも取り組み、三八歳の時には京都地方本部の副団長に選ばれた。だが彼の国籍に対する考えは、韓国籍を重視する民団と相容れない。韓はそれどころか、民団が「在日韓国人も、朝鮮総連系の人も、すでに日本国籍を取得した韓国系日本人、韓国から来たニューカマーも、コリアンの韓人会として集まる」組織になるべきだと主張している。

一九九九年に日本政府から勲三等瑞宝章を受章、また二〇一六年には紺綬褒章を受章。韓国政府からも一九八七年に「青龍章」(勲一等)、一九九五年に「無窮花章」(勲一等)を叙勲されている。夭折した息子の名を冠した韓昌祐・哲文化財団を通じた助成事業、また全社挙げて地域貢献に取り組むなど、積極的な社会奉仕活動も有名だ。二〇〇五年にパチンコ業界初の売上一兆円、二〇〇九年には同二兆円を達成した。

すでに何もかも手にしたかのような成功だが、八〇代後半に至ってなおその挑戦は続いている。パチンコ人口の減少でマルハンの売上は二兆円を割り込み、韓が掲げた五兆円の目標達成は大きく遠のいた。悲願の株式上場も実現できていない。そしてカンボジアではマイクロファイナンスという例のないチャレンジも始まった。渡日から休まず走り続けて七〇年以上。まだその志は道半ばだ。

朝鮮の山野に溶けた旋律

陳《チン》昌《チャン》鉉《ヒョン》

バイオリン製作者　一九二九〜二〇一二
慶尚北道金泉郡（現金泉市）出身　一世

東京で学んだ「愛国歌」の作曲者

ソウル旧市街の一角に、独立門という西洋式建築がある。これは清王朝からの独立を宣言すべく一八九七年に建てられた記念碑だ。ただし一九〇八年に日本政府がそのすぐそばに京城監獄を作って政治犯らを収容したことから、独立門も日本統治へのネガティブな感情と絡めて語られやすい。

この独立門の起工式で歌われた詩が、韓国国歌「愛国歌《エグッカ》」の歌詞に取り入れられている。作詞者は独立門を建てた政治団体、独立協会の尹致昊《ユンチホ》会長といわれるが正確には分からない。

「愛国歌」の旋律に採用されたのは、作曲家の安益泰《アンイクテ》が一九三六年にウィーンで書いた曲だ。

一九四八年八月一五日の韓国政府樹立とともに、この詩と旋律が国歌として制定された。

中国と日本を除いて厳格な鎖国を続け、西洋から「隠者の王国」と呼ばれた朝鮮。一九世紀末から本格化した西洋文明の急激な流入は、その王朝の崩壊にともなう自然な流れだ。西洋音楽も当初は欧米のキリスト教教会を通じて広められ、一九一〇年の日韓併合後は日本がその媒介役となった。「愛国歌」を作曲した安益泰も教会の賛美歌で音楽に目覚めたが、学んだのは日本だ。

安益泰は一九〇六年に平壌《ピョンヤン》で生まれた。少年時代にはアメリカ人牧師の教師が率いる楽団の一人として、一九一九年の三一独立運動に参加したとも伝えられる。一九二一年に日本の正則中学校、一九二六年に東京高等音楽学院（現国立音楽大学）に入学してチェロを学んだ。

在学中に父親の死で経済苦に陥るが、学友や教師の援助で一九三〇年に卒業。同年に教会のつてでアメリカへ留学した後、チェリストとしてシンシナティ交響楽団に入団する。やがて指揮者に転向し、一九三六年からヨーロッパで活動した。一九四〇年からはベルリン・フィルハーモニー管弦楽団を指揮している。戦後はスペインに拠点を移し、一九六五年に没するまで韓国と日本を頻繁に訪問。東京芸術大学などの招きで、しばしば日本の交響楽団を指揮している。

東京高等音楽学院の「三羽烏」

安益泰と同時代の著名な朝鮮人音楽家の一人が、洪蘭坡《ホンナンパ》。一八九八年生まれの作曲家、バイオリニストだ。洪が一九二〇年に作曲した「哀愁」は、後に唱歌「鳳仙花」として日本統治下の朝鮮人に広く愛唱された。だが統治時代の末期、「禁歌」に指定されている。

洪も一九一八年に渡日して東京音楽学校（現東京藝術大学音楽学部）に入学し、一九二六年から安益泰と同じ東京高等音楽学院に編入。同時に日本のオーケストラで、バイオリニストとして活動している。その後アメリカ留学を経て朝鮮へ戻るが、一九四一年に肋膜炎で他界した。

安と洪が学んだ東京高等音楽学院が開校したのは、彼らが入学した一九二六年。つまり二人は第一期生だ。そしてこの二人とともに東京高等音楽学院で学んだ同期生に、一九〇二年生まれの篠崎弘嗣がいる。篠崎は、演奏家や指導者として名高いバイオリニスト。彼が一九四〇年代に著した『篠崎ヴァイオリン教本』は、現在も教本の定番とされている。

安、洪、篠崎の三人は、東京高等音楽学院の「三羽烏」と呼ばれるほど親交が深かったという。そして戦後になってここへもう一人の朝鮮半島出身者が、運命に吸い寄せられるようにして現れる。後に一流のバイオリン製作者として知られる陳昌鉉《チンチャンヒョン》だ。

昌鉉が作り出したビオラとチェロは、一九七六年のアメリカバイオリン製作者協会（ＶＳＡ）コンペティションで六部門中五部門で金賞を受賞。同時にＶＳＡに認められた最初のアジア系製作者の一人となった。ＶＳＡではまた「Hors Concours」、いわゆる殿堂入りの名誉にも浴している。陳が作ったバイオリンの愛用者として知られるのは、ＮＨＫ交響楽団の主席バイオリン奏者を務めた木全利行や徳永二男、韓国の鄭京和《チョンギョンファ》など。またポーランド出身のヘンリク・シェリング、ウクライナ出身のアイザック・スターンも、彼のバイオリンを手にしたといわれる。

安と洪もその生涯で経済的な苦労を体験しているが、当時の朝鮮人としては教育環境に恵まれていたほうだ。だが一四歳で渡日した陳がバイオリン製作者として成功するまでの道のりは、多くの在日韓国人一世が味わった辛酸にまみれていた。そしてその生涯は後に、さまざまな媒体を通じて多くの日本人に感銘を与えることになる。

母を通じて見た朝鮮の矛盾

陳昌鉉は一九二九年の陰暦の九月二三日、新暦でいえば一〇月二五日に生まれた。出身は半島中央南部の慶尚北道《キョンサンプクト》金泉郡《キムチョングン》（現金泉市《キムチョンシ》）。その近隣の渓谷を源流とする川、甘川《カムチョン》に沿って開けた梨川《イチョン》という小集落に生家があった。

父陳在基《チンジェギ》の家は代々自作農であり、コメを謝礼代わりに子供らを書堂《ソダン》と呼ばれる寺子屋に通わせる程度の余裕はあった。そのため父方の祖父は一九一二年に朝鮮総督府が交付した土地調査令に際して、所有する農地を公的に登録することができたという。だが字が読めない自作農ないし自小作の多くは農地の登録ができず、小作農に転落していった。

二〇〇二年に発刊された口述の自伝『海峡を渡るバイオリン』（陳昌鉉著・河出書房新社）では、梨川で暮らした幼少期の記憶が綴られている。そこに登場する在基は多くの例に漏れず、情愛の欠落した怪物的な父親だ。家業の切り盛りは全て妻にやらせ、自分は働きもせずに毎日とてつもない量の酒を飲んだ。一九〇㎝近い巨躯で気性が荒く、村では逆らう者がいなかったという。

幼い昌鉉はその妻、つまり母親の千大善《チョンデソン》に朝鮮女性の悲哀を見ている。

儒教倫理の一つに「七去之悪」がある。これは妻が夫から離縁されても文句を言えない七つの悪事のことだ。淫乱、嫉妬、盗みなどに混じって、跡継ぎとなる子供を産めないことも含まれている。とりわけ父系の血統を絶やさないことを人倫の基本とした朝鮮では、男児を産めない女性はいっそう虐げられた。

書堂を営んでいた大善の生家は貧しく、彼女は若い頃に豊橋市の紡績工場へ出稼ぎに出されたことがある。最低の賃金と待遇で過酷な労働を強いられる『女工哀史』の世界だ。そうして貯めたなけなしの金を持参金に、在基の下へ嫁いだ。

大善は在基の二番目の妻だ。先妻は三人目の男児を生んですぐ死んだ。だが後妻の大善はなかなか子に恵まれなかったため、在基はもう一人の妻を娶る。この三番目の妻はやがて男児二人と女児一人をもうけた。男児を生んだ二人の妻に挟まれ、大善がひどく冷遇されたのは想像に難くない。

ようやく大善が男児と女児、つまり昌鉉と妹の貞住《ジョンジュ》を授かったのは、それからのことだ。だが昌鉉が生まれてすぐ、大善は乳が出なくなった。昌鉉は粥を与えても下痢してしまい、在基はやせ細ったその姿を見て長生きしないと諦めてしまったという。

しかし大善は乳の出る女性を探して昌鉉をおぶったまま近隣の村まで走り回り、どうにか赤ん坊の命をつないだ。大善が必死で走り回ったのは昌鉉一人のためだけでなく、虐げられてきた自分が生き延びるためでもあっただろう。

こうした母親の悲壮な愛情は大善に限らず、朝鮮の伝統的価値観の下ではむしろ普遍的だ。ドラマや映画を通じて日本人の目にことさら濃密に映る母親と息子の愛情も、この伝統と無縁ではない。大善もその後の苛酷な生涯を通じて、昌鉉に対する自己犠牲をいとわなかった。

日本人教師に手ほどきを受けたバイオリン

昌鉉がバイオリンと最初に出会ったのは、六歳の時。怪しげな軟膏などを売る行商人が客引きのために弾く音色が、幼い彼を夢中にさせたという。

そして小学校四年の時、実物を手にする機会が訪れる。昌鉉の家に下宿することになった新任の若い日本人教師が、趣味でたしなむバイオリンを携えてきたのだ。昌鉉の家が下宿先に選ばれたのは、豊橋市に出稼ぎしていた母親の大善が多少の日本語を操れたからだった。

教師の名前は相川。外地での教師経験が徴兵免除の条件になることから、父親が朝鮮へ送り出したという。昌鉉のこともかわいがり、快くバイオリンを貸して演奏の手ほどきをしてくれた。相川の指導で昌鉉は練習に励み、「荒城の月」と「さくらさくら」を覚える。

相川はまた貧しい家の子のためにノートを買って与えるなど、子供らに慕われる熱心な教師だった。だがやがて徴兵の枠が広げられ、相川は昌鉉の家に来てから一年半ほどで中国へ出征。こうして昌鉉とバイオリンは、戦争によってしばらく関係が途切れた。

同時代に世を去った父と若い教師

昌鉉はこの日本人の影響で、教師という職業に憧れを抱いた。だが父親の在基は教師になりたいという昌鉉を殴りつけ、警官になれと言った。

日本の統治はいうまでもなく、陳一家が暮らした山間の小さな集落、梨川にも及んでいる。ただし日々の生活で、その権力が可視化されることは稀だった。

その数少ない例外が、警官だ。反日分子、不逞鮮人の取り締まりも任務とする彼らは、ことさら横暴に振舞って住民を威圧した。主任の日本人だけでなく、その部下の朝鮮人警官たちも同様だ。

村で幅を利かせた在基も、警官には従わざるを得ない。だが在基にとって横暴な警官は日本による支配の象徴であると同時に、自らそうあるべき理想でもあった。だから昌鉉はじめ息子らを、警官の職に就かせようと考えたのだろう。

在基が生まれた朝鮮王朝末期、中央集権型の権力構造は腐敗を極めた。各地の地方官吏や有力者らは農民からの収奪に明け暮れ、全国の農村を疲弊させていた。在基の目には当時の地方官吏も朝鮮総督府警察の警官も、大差なく映っていたのかも知れない。

だが在基は息子が警官になるのを見ることなく、この時期に病気で他界してしまう。まだ暮らしに余裕のあった陳家が、昌鉉を中学へ入れた頃のことだ。

そして出征した相川も、これと前後して戦死している。昌鉉がそれを知ったのは、戦後二〇年ほど経ってからだ。昌鉉はようやく日本での生活が安定し始めた頃、わずかな手がかりから埼玉県にある相川の生家を探して訪れた。昌鉉に恩師の死を告げたのは、息子を死なせまいと朝鮮へ送り出したその老父だ。

軍国少年、憧れの日本へ

昌鉉の探究心と職人気質の片鱗をうかがわせるエピソードに、木製の模型飛行機作りがある。幼い昌鉉は妥協のない改良と工夫を重ね、地元で最も遠くまで飛ぶ模型飛行機を作り上げた。

その模型飛行機を通じて彼が夢見ていたのは、日本軍の戦闘機だ。

太平洋戦争が始まったのは、昌鉉が一二歳を迎えた年。数十年に及ぶ日本統治の下で、彼もごく普通の軍国少年に成長していた。内鮮一体の同化政策により、朝鮮の子供たちも皇国臣民としての自覚を植え込まれていたからだ。

父親の死を契機に、陳家の暮らし向きは悪くなっていった。そこで教師になるため学業を続けたかった昌鉉は、日本で働きながら夜間中学へ通う道を選ぶ。

その頃すでに年の離れた先妻の息子三人が日本へ渡り、トラック運転手として働いていた。昌鉉は一九四三年、福岡県博多市に住む義兄を頼って独り玄界灘を渡る。

回想では、母親との辛い別れに紙幅が割かれている。だが一方で期待もあった。一つは、尊敬する相川の故郷という思い。また警察への反感はあったものの、昌鉉ら金泉の子供たちにとって日本はやはり憧れの世界だった。

昌鉉が通った金泉の中学には、東京の大学で学んだ朝鮮人教師が何人かいた。昌鉉の目にはみな知的で洗練されており、自分も東京へ留学したいという仄かな夢を育んだ。特に憧れたのは、留学中に知り合った日本人女性と結婚した美術教師だ。大都会を舞台にした二人のロマンスは、幼い彼の心を熱くさせた。


「朝鮮人は予科練に入れない」


日本の地を踏んだ昌鉉は、制服を着て通学する活発な少女の姿にまず驚かされた。彼は『海峡を渡るバイオリン』で、こう回想している。「女性が自由に振舞える国、それだけで当時の私にとっては別世界だった」。

だがもちろん生活は苦しく、幼い憧れにはほど遠かった。昌鉉は義兄の手配で中学校の夜間部に編入し、航空機工場などで働き始める。真っ黒に汚れた学生服で通学すると、それだけで子供たちから「朝鮮人」と囃し立てられた。周囲ではまた大勢の貧しい朝鮮人たちが、糞尿の汲み取りや過酷な港湾での積み下ろしなど、日本人のやらない最底辺の労働で食いつないでいた。彼らは同じ屈辱を味わわせまいと、こぞって自分たちの子を中学へ通わせようとしたという。

中学の夜間部は、クラスの二割ほどが朝鮮人。日本人の生徒も親を戦争で失うなど貧困に喘ぐ家庭の子が多かった。そんななか昌鉉は航空機搭乗員を養成する海軍飛行予科練習生、いわゆる予科練を志望する。当時はそれが日本の中学生としてごく自然な発想だったからだ。いずれ特攻機の搭乗員として死ぬという予感もあったが、ただ漠然と覚悟していたと回想している。

そんな昌鉉に教師が告げた言葉は、「朝鮮人は予科練に入れない」。昌鉉はそれでも諦めず、大分県の陸軍少年飛行学校なら入れることを知って願書を出す。しかし彼がその志望校に入学するより早く、日本は敗戦を迎えた。

異郷で聞き耽った「ツィゴイネルワイゼン」

昌鉉をバイオリン作りと引き合わせたのは、糸川英夫だ。糸川はいうまでもなく、後に日本のロケット開発の父と呼ばれる航空宇宙工学のパイオニア。同時に昌鉉を死地へ赴かせたかも知れない軍用機の設計者でもある。

義兄らは敗戦とともに朝鮮半島へ帰ったが、一六歳の昌鉉は東京の大学に入るという夢を追って日本に残った。当初は大学を出たら故郷へ帰って教師になるつもりだったという。だが一九五〇年に始まった朝鮮戦争とその後の混乱で、帰国どころではなくなってしまう。

そうした情勢下で昌鉉が明治大学英文科の二部に入学したのは、一九五一年のことだ。無一文で身寄りもない一六歳の朝鮮人がそこまで至るには、もちろん並大抵でない苦労があった。小田原で建設作業員、横浜で輪タクなどに従事し、得意だった英語で進駐軍相手の交渉役も務めたという。米兵相手の輪タク業が軌道に乗ると、音楽とのつながりも取り戻した。神田で中古のバイオリンを買い、横浜のクラシック喫茶にも通ったという。そこで昌鉉の心を奪ったのは、一九世紀のバイオリン独奏曲「ツィゴイネルワイゼン」。作曲はスペインのバイオリニスト、サラサーテだ。「ツィゴイネルワイゼン」とは、ジプシーと呼ばれた放浪の少数民族ロマの旋律を意味するドイツ語。昌鉉は後になって在日知識人らが創刊した同人誌『季刊まだん』にこんな回想を寄せている。

「サラサーテ作曲の〝チゴイネルワイゼン〟をききながら、薄暗い喫茶店の片隅で、さめたコーヒーのカップを前に、私はよく涙を流したものだ。この曲の中に出てくる放浪のジプシー達と、かつて亡国の民としてこの世に生を受けて、日本という異国の地にひとり十字架を背負ってさまよう自分との間に、心情的にも境遇的にも、どこか共通したものを感じた。そのメロディは、やすらぐ事のない波乱に満ちた祖国の歴史であり、祖先の涙の歴史のようにきこえ、その音色は、すさんだ異郷の地にて同胞の心にふれたような暖かさを感じた」。

探究心に火を点けた「不可能」の言葉

「朝鮮人は教員になれない」――。

日本にとどまったまま教師を目指した昌鉉は、教職課程を履修した。だがほどなく、担当の教員から日本国籍のない者は教員になれないと告げられる。教員免許を取るのは自由だが、外国人の昌鉉にはただのアクセサリーにすぎなかったわけだ。バイオリン演奏家の道も考えてレッスンを受けたが、二〇歳を過ぎた身には叶わない夢だった。

将来を閉ざされた昌鉉は、鬱憤を晴らそうとパチンコ店のアルバイトに精を出す。そこで商売に打ち込む同胞たちとも交わるが、彼らと同じ道に自分の未来を見出すことはできなかった。昌鉉にバイオリン作りという道が閃いたのは、失意のどん底にあったこの時期のことだ。

大学二年を迎えた一九五四年の秋、明治大学の講堂に貼られた一枚のポスターが目に止まった。東京大学生産技術研究所所長の糸川英夫が、バイオリンに関する講演を行うという。

一九一二年生まれの糸川は、中島飛行機及び東京帝国大学で戦闘機の設計に携わってきた。敗戦によって航空機の研究を禁じられると、専攻を音響工学に移してバイオリンを研究する。有名なペンシルロケットから宇宙工学の道を開くのは、それ以後のことだ。

糸川自身も幼い頃からバイオリンを習い、音楽に対する深い造詣があった。彼は音響工学に基づいて名器とされるバイオリンの秘密解明を研究し、その結果を明治大学で講演したわけだ。

昌鉉は講義そのものより、講演の一環だったバイオリン演奏を目あてに会場へ足を運ぶ。だがそこで糸川のある一言が啓示となった。

名器ストラディバリウスの秘密を解明して現代に再現することは不可能――。

糸川に「不可能」と言わしめるバイオリンの神秘。誰にも解明できないという名器ストラディバリウスの謎を、自分の手で解き明かしてみたい――。「不可能」という言葉に、昌鉉が持って生まれた物作りへの探究心の火が灯った。それはまた幼い頃の模型飛行機作りとバイオリンが、長い遠回りを経て一つに結びついた瞬間だった。

師匠を求めて木曽福島へ

バイオリン製作者への道のりには、文字通り不可能の壁が次々と立ちはだかった。だがようやくかすかな未来を見つけ出した昌鉉には、もうほかに人生の選択肢はなかった。

昌鉉はすぐ神田の楽器店でバイオリン作りの大家という職人を紹介してもらい、自宅を訪ねて弟子入りを願い出る。八〇を過ぎた老工はちょうど後継者を探していたところだと言い、昌鉉の来訪に歓喜した。だが朝鮮人であることを告げたとたんがっくりと落胆し、ぞんざいな口調で弟子は取れないと告げた。「君が日本人ならどんなによかったか」。打ちひしがれた老工が涙まで流しながら発した言葉が、昌鉉の耳に長く残った。

もっともそうした扱いは慣れっこであり、特に年配の日本人なら予想の範囲内だ。昌鉉は自分が朝鮮人であることを伏せたまま楽器店に通い、東京の職人を訪問し続けた。しかし彼を受け入れるところはなく、行き先の定まらないまま大学四年を終えた。やがて昌鉉は一年留年した後、一九五六年に明治大学を卒業する。

五月になり、昌鉉はアルバイトを辞めて東京を離れた。長野県中野市にストラディバリウスの型紙を持つバイオリン職人がいることを新聞で知ったからだ。だが農業のかたわらバイオリンを作るその職人は、農閑期の冬になってから出直してくれと追い返した。職人はもとから弟子を取るつもりはなく、こう言えば諦めて帰ると思ったようだ。

しかし昌鉉は中野市に住み着いてリヤカーを引き、廃品回収をしながら冬を待った。そして職人を再訪し、ようやく弟子を取るつもりはなかったことを知る。彼は途方に暮れながらも、修業の場を求めて松本市、そして木曽福島（現木曽町）へ向かった。

木曽福島には当時、木曽鈴木バイオリンの工場があった。ここはかつて安益泰や洪蘭坡らのチェロやバイオリンも手がけた老舗「鈴木バイオリン」の流れを汲む楽器メーカーだ。

一九五七年の夏、昌鉉は木曽鈴木バイオリンの門を叩く。だがここでもやはり道は閉ざされていた。外国人を入れることに反対する者が現場にいる、というのが理由だ。また木曽鈴木バイオリンは輸出も行っており、技術を学んだ昌鉉が帰国すれば商売敵になるという懸念もあったという。

失意のまま野宿する昌鉉を地元の警官が見かねて、林道を作る工事人夫の仕事を紹介してくれた。昌鉉はその後、四年と数カ月を木曽福島で過ごすことになる。

手作りの工房で腕を磨く

下請けで林道の工事を請け負っていたのは、在日韓国人が営む中島建設という建設会社だ。土木作業員として飯場に住み込んだ昌鉉は、林道工事で伐採された材木からバイオリンに適した材料を集め始める。もう職人に師事することは諦め、独りで技術を磨こうと決めたのだ。

暗中模索する昌鉉は、手がかりを求めて木曽鈴木バイオリンの工場に通った。退勤途中の職人に手土産を渡して顔見知りになり、技術的な教えを請うた。熱心な昌鉉に同情する職人らもいて、学習は徐々に進み始める。また木曽鈴木バイオリンの社長は大学の後輩にあたる昌鉉を気にかけ、彼が伐採所から持ってくるバイオリン用の材木を買い入れてやった。

工事現場では誠実な働きぶりと明治大学卒の教養を見込まれ、出勤帳簿の管理を任された。荒くれた労働者たちの出勤管理は負担も大きかったが、わずかながら生活の余裕も生まれた。

そうしたなか、昌鉉は中島建設の許しを得て会社敷地の一角に自分の工房を建てる。仮設の飯場を組んだ経験を生かし、建材にはダム工事で流れ着いた廃材などを利用した。手作りの小屋とはいえ小さな二階もあり、写真を見る限り素人仕事と思えない立派な作りだ。

こうして昌鉉は木曽福島に居着いた翌年、手作りの工房でバイオリン作りに打ち込み始めた。伐採所では良質な木材がふんだんに手に入り、近隣の木工所を回れば使い古しの工具にもこと欠かない。昌鉉はまた木曽福島で開かれていた木曽鈴木バイオリン主催のバイオリン教室に通い、自作バイオリンの評価を求めた。教室の講師も昌鉉の情熱に共感し、快く相談に乗って助言を与えたという。こうして月日を過ごすうち、ようやく人生の転機となる出会いが相次いで訪れる。

大きな岐路となった出会い

昌鉉が伴侶李南伊《イナミ》と知り合ったのは、この頃のことだ。

在日韓国人二世の南伊は、昌鉉が工具などを求めて通った骨董品店の娘。南伊の父親は結婚に反対したが、昌鉉の人柄を見込んだ中島建設の社長が説得を手伝ってくれた。こうして昌鉉と南伊は一九六一年三月、木曽福島でつましい結婚式を挙げる。式にはバイオリン教室の講師と生徒らも集まり、二人の門出をバイオリンの合奏で祝った。

二人は手作りの工房で暮らし、営林署や砂利採取の仕事で糊口をしのいだ。その間も昌鉉は製作に打ち込み、ほどなくでき上がったバイオリンは計四〇挺ほどになった。

昌鉉はそのなかから特にできのいい一〇挺を選び、東京へ向かう。妻の勧めで、楽器店への持ち込みを試してみることにしたのだ。だがしらみつぶしに楽器店を回ったが、買い取る店はどこにもない。もとより期待はしてなかったが、バイオリンを担ぐ昌鉉の肩に徒労感が重くのしかかった。

だが母校、明治大学に近い駿河台の楽器店で、転機が訪れる。一人の仲介業者が昌鉉のバイオリンを気に入り、アドバイスをくれたのだ。業者は「飛び込みでは楽器店もなかなか買わないので、教育者を通じて売り込んでみるのがいい」という。そして紹介してくれたのが、篠崎弘嗣。かつて安益泰、洪蘭坡らとともに学んだ著名なバイオリン演奏家だ。篠崎は戦前からバイオリンの早期教育に取り組み、当時は桐朋学園大学で後進の指導にあたっていた。

篠崎は、仲介業者とともに自宅を訪れた昌鉉のバイオリンを入念にチェックした。そして昌鉉は、耳を疑う言葉を聞いた。「一挺三千円でよければ、全部買い取ってあげよう」。篠崎はさらに子供用のバイオリン製作を昌鉉に勧め、持ってくれれば買い取ると約束した。

手ぶらで帰ってきた昌鉉を見て、南伊はバイオリンを盗まれたのではと思い慌てたという。こうして夫婦は、昌鉉が天職と定めたバイオリン作りで生計を立てていくことになった。

スペインと日韓を行き来した指揮者

一九六一年一〇月、夫婦は篠崎の招きで東京へ転居する。町田市の納屋を借り、工房兼住居とした。バイオリンが収入につながるとはいえ、製作には長い時間がかかる。家賃や材料費を払えば、夫婦の手にはほとんど残らない。そんな窮状を知る篠崎はいつも即金で買い取っただけでなく、前払いまでして昌鉉を助けてくれた。

町田市に移転した翌年、長男が誕生。同じ年、一家は桐朋学園大学のある調布市へ移り住む。篠崎から同僚の教師らを顧客として紹介され、少しでも大学に近いほうがいいと勧められたからだ。

そして昌鉉はもう一人、篠崎から音楽家を紹介された。かつて篠崎とともに学び、後に韓国の国歌「愛国歌」の作曲者となった安益泰だ。

当時はまだ日韓の国交が断絶し、自由な人の往来が途絶えていた。だが安は一九四六年、活動拠点とするスペインに国籍を移していた。そのため五〇年代からたびたび韓国や日本を訪れ、指揮者として自由に活動できた。安は最晩年の一九六四年一〇月にも、日比谷野外音楽堂で東京交響楽団を指揮している。

篠崎の自宅で昌鉉に会った安は、スペインから持参した一六世紀のバイオリンの修理を依頼した。期待通りに仕上げて安を喜ばせた昌鉉は、この世界的音楽家に一つ頼みごとをする。故郷に帰れない自分の代わりに、修理代金を母親に渡してほしいとことづけたのだ。

大善に手を差しのべた紳士

金泉は朝鮮戦争で地獄と化していた。北朝鮮軍の侵攻で戦線が南下を始めると、まず昌鉉の同級生らが韓国軍に殺された。彼らは国民保導連盟事件の犠牲者だ。

韓国初代大統領李承晩《イスンマン》は一九四九年、南側の反政府分子を狩り出すための国家保安法を制定。密告などに基づき、共産主義者の疑いがある者を国民保導連盟という矯正機関に登録した。中学に通った昌鉉の同級生は、地元のインテリ層というだけでアカの烙印を押されたらしい。そして北朝鮮の猛攻が始まると、韓国軍は保導連盟の名簿に名前があった者を虐殺しながら南へ退却した。共産主義者が北朝鮮軍に加わって自分たちを殺しに来ると恐れたからだ。

ほどなく金泉を勢力下に置いた北朝鮮軍は、村の反動分子を粛清。続いてまた韓国軍が金泉を奪還すると、北への協力者が処刑された。これも戦線の往復にともない半島の各地で起こった悲劇だ。

妹の貞住《チョンジュ》も北朝鮮軍に協力した疑いで、危うく処刑されかけている。だが韓国軍の中隊長だった陸軍中尉の嫁になることで、死を免れた。母親の大善と貞住は激戦地となった江原道麟蹄郡《カンウォンドインジェグン》に連れていかれ、そこで休戦を迎える。貞住の夫は軍を除隊し、自分は遊び呆けて妻とその母親を働かせた。かつての昌鉉の父親と同様、彼も古い朝鮮の価値観にあぐらをかく男だった。

夫は母娘に金を無心してはソウルへ上京して遊び暮らし、足りなくなるとまた戻ってきた。大善らは先妻の息子たちに家を奪われて金泉にも居場所をなくし、やがて働き口を求めて釜山《プサン》へ移る。

貞住が旅館の住込み女中となり、つましい家計を支えた。

母親との手紙のやり取りで、昌鉉も大まかな消息は知っていた。だが大善は異国の息子に心配をかけまいと、詳しい事情は伝えなかったという。妹の手紙で実情を知るのは後のことだ。

修理代を預かった安益泰は、それから訪韓のたびに大善に直接会って救いの手を差し伸べた。安のそうした計らいを昌鉉が知るのは、初帰国して母親に再会してからだ。

「外国から来た立派な紳士が、私に大金をくれたんだよ」。

世界を飛び回る多忙な音楽家が、なぜ昌鉉のためにそこまで時間を割いたのか。昌鉉は回想で「同じく異郷の地で苦労を重ねてきた同志」だからだろうと振り返っている。その安は昌鉉と出会って間もなく、一九六五年九月にスペインのマヨルカ島で客死した。

四半世紀ぶりの帰郷

日韓条約が批准されて国交が正常化したのは、安の死から三カ月後の一九六五年一二月。調布市仙川の陳家では、三人目の子が生まれたばかりだった。

その翌年には、庇護者のように支えてくれた篠崎弘嗣が他界。一時は代金の回収に苦心したものの、収入は次第に安定していったようだ。ようやくつましいながら人並みの生活を築いた昌鉉は、少しずつ貯えを増やしながらバイオリン作りに打ち込む。仕事に忙殺されながら月日が流れ、窮状を訴える妹からの手紙が届いた頃にはもう一九六七年になっていた。

安益泰씨

東京서 慈善音樂會

6日밤, 不幸한 兒童들 進學도와

安益泰씨

安益泰씨는 日本國立音樂大學주최 厚生省후원으로 東京의 厚生年金會館「홀」에서 자선음악회를 연다. 불행한 아동들의 進學을 돕기위해 6일밤에 열리는 이음악회에는 지난번 서울국제음악제에 참가했던 「바이올리니스트」인 「에비·[illegible]바」양도 출연하여 國立音樂大管絃樂團과 協演한다. 安益泰씨가 指揮하는 이날밤 음악회에선 주로 「베토벤」의 「레오노레」3번, 「바이올린」協奏曲, 交響曲 제5번 「運命」등 曲目이 演奏된다고…。 日本에서 새로 發足된 「兒童福祉推進協會」의 취지에 찬동해서 여는 이 음악회를 통해 安씨는 더욱 韓日兩國의 親善을 [illegible]할것이다.

安は1963年６月６日、東京の厚生年金会館で行われた厚生省後援の慈善音楽会でタクトを振るった。記事によると「不幸な児童の進学を助けるとの趣旨に賛同した安は、韓日親善に寄与するだろう」とされている（『京郷新聞』1963年６月６日）

昌鉉は金目のものを質入れまでして金をかき集め、金泉の母親と妹に送った。そして翌一九六八年の五月、家族をともなってようやく半島の地を踏む。一九四三年に故郷を発って以来、二五年ぶりの帰郷だった。

だが昌鉉は劇的な再会の余韻に浸る間もなく、処刑された同級生たちと運命をともにしかねない体験をする。異母兄の息子が、昌鉉を北朝鮮のスパイだと密告したのだ。

朝鮮戦争が休戦になると、李承晩政権は北朝鮮のスパイに懸賞金をかけて密告を呼びかけた。男性用スーツの相場が三万〜四万圜《ファン》（圜は一九六二年まで使用された通貨単位）だった一九五八年当時、懸賞金の額は三〇万圜。同じ制度は朴正熙《パクチョンヒ》政権に受け継がれ、昌鉉が帰国する三カ月前には懸賞金が一〇〇〇万ウォンに引き上げられていた。一九六六年時点で、事務員の年収が一一万五〇〇〇ウォンだった時代だ。

とりわけ在日韓国人は、日本国内で在日本朝鮮人総聯合会（朝鮮総連）と接触している可能性を疑われやすい。朴政権が一九六八年七月から実施した「間諜捜索運動」では、身内に在日コリアンがいる世帯が捜査対象に掲げられている。そうしたなかで在日は、懸賞金目あてに売り飛ばすのに格好の獲物とされたわけだ。

昌鉉の回想によると、親類を訪ねて韓国へ渡った多くの在日韓国人が密告の犠牲となった。拷問で命を落とした者も多かったという。彼が九死に一生を得たのは、異母兄の家族が東京で在日本大韓民国居留民団（民団）の幹部をしていたためかも知れない。昌鉉を取り調べた中央情報部員らは容疑が晴れると、彼をともなって高級料亭へ向かった。そこで妓生を呼んでさんざん飲み食いした挙句、昌鉉に勘定を払わせて消えたそうだ。

昌鉉と夫人の南伊は二〇〇九年に韓国の総合月刊誌『新東亜』のインタビューで、この四一年前の体験について質問を受けている。昌鉉が自分の受けた拷問について淡々と語り出すと、南伊は言葉を遮ってこう言った。「思い出したくありません。釈放されてから日本行きの飛行機に搭乗してからも、恐ろしくて気が気でありませんでした。二人で固く手を握り合い、『どうか早く離陸して』と必死で祈り続けていたんです」。

コンペティションのメダルを埋める

大善は一九七六年一月、七七歳で他界した。

初帰郷で死の危機に瀕した昌鉉だが、その後も母親のためにたびたび韓国を訪れている。また同時期、昌鉉のバイオリンは徐々に名声を高めていった。

一九六八年と一九七〇年には、日本弦楽器製作者協会の後援で自作展を開催。当時のそうした展示会で、バイオリン一挺に五〇万円の値がつくこともあった。彼の評判はまた、リアルタイムで韓国へも伝わっている。現地紙はかつてスパイの嫌疑をかけられた昌鉉を海外同胞の英雄としてほめそやし、読者の愛国心を鼓舞した。

こうしてやっと暮らしに余裕のできた昌鉉は一九七〇年、調布市の自宅近くに工房を構える。

同時に彼はソウルを見たこともない老母を連れて、韓国各地の景勝地を回った。一九七〇年と一九七二年には日本へも招いている。

中央情報部の拷問で生死の狭間をさまよった彼は、以前にも増してバイオリンの改良に全身全霊を捧げるようになった。母親の訃報を受け取ったのは、ニスの改良に取り憑かれていた時だ。

そしてこの年の一二月、昌鉉はアメリカのフィラデルフィアで開かれた第二回アメリカバイオリン製作者協会（ＶＳＡ）コンペティションに参加する。韓国紙によると昌鉉は一九七二年の第六回ウィエニャフスキ国際バイオリン・コンクールにも出品するが、入賞を逃したという。それからさらに腕を磨いて臨んだアメリカでのコンペティションで、ついに出品したビオラとチェロが六部門中五部門で金賞を受賞。一流のバイオリン製作者としての名声を不動にした。

アメリカからの帰路、昌鉉は金浦《キムポ》国際空港経由の便で韓国へ立ち寄る。当時釜山にあった母親の墓前で、受賞を報告するためだ。バイオリンの音色も聞かせたかったが、すでに高額な彼の楽器は税関で持ち込みを許されなかった。妹とともに墓所を訪れた昌鉉は、五つの金メダルのうち二つを埋めてまた母国を後にした。

母親に捧げた息子との合奏

昌鉉は篠崎の生前、もう一人の朝鮮人音楽家について教わっている。篠崎、安益泰とともに学んだ作曲家、バイオリニストの洪蘭坡だ。洪は唱歌「鳳仙花」で朝鮮の国民的作曲家と称されたが、一四歳で渡日した昌鉉はその存在を知らなかった。

篠崎は昌鉉に洪との思い出を語っている。篠崎と洪は、下宿をともにするほどの親友だった。篠崎は洪が書いた曲の譜面を持って浅草へ出かけ、バイオリンで演奏するのをアルバイトにしていたそうだ。その洪は祖国の解放を見ることなく、一九四一年に四四歳の若さで没した。

「鳳仙花」の旋律は、洪が最初の日本留学から帰国した一九二〇年に書いた「哀愁」が原曲だ。それに洪と親交の深かった声楽家の金《キム》亨俊《ヒョンジュン》が詞をつけ、「鳳仙花」と呼ばれるようになった。一九四二年にデビューしたソプラノ歌手の金《キム》天愛《チョネ》の録音が半島に広まったが、朝鮮総督府は発禁処分とする。同化政策に反して、朝鮮の民族意識を扇動するという理由からだ。昌鉉は「鳳仙花」には「移民の悲しさと望郷の念」が詰まっており、民族の魂そのものだという。

母親の墓前にメダルを埋めてから四半世紀ほど経った後、昌鉉は墓所を釜山から故郷の金泉に移している。見晴らしのいい山間の一角に亡骸を移葬し、立派な石碑も設えた。

新しい墓所が完成した時、昌鉉はその前で成長した息子とバイオリンで「鳳仙花」を合奏した。

垣根の下に咲いたもの悲しげな鳳仙花を、乙女らが愛でる。やがて花は秋風に枯れ、冬になり消え去っていく。その夢見る魂が、春の日にまた蘇るよう祈ろう——。

歌詞の通りに切ない情緒を込めた旋律が、かつて朝鮮と呼ばれた地の山野に溶けていった。

帰郷のたび拾い集めた砂

韓国の地上波キー局テレビＳＢＳが二〇〇五年に放送したドキュメンタリーには、故郷を流れる甘川の川辺で砂をすくう昌鉉と南伊の姿がある。一九六八年の初帰国時から故郷を訪れるたび、少しずつ砂を集めて日本へ持ち帰っているそうだ。

「私はいずれ日本で客死することになるでしょう。その時、幼い私が踏みしめて育った故郷の砂を遺体に振りまいて欲しい。それが私の遺言なんです」。

昌鉉はＶＳＡでの受賞後も知る人ぞ知る存在だったが、二〇〇二年になって口述の自叙伝『海峡を渡るバイオリン』が発刊。これが話題となり、二〇〇三年に漫画『天上の弦』（山本おさむ著・小学館）、また二〇〇四年には自叙伝と同題のドラマでその半生が描かれた。後に日本の高校英語教科書でも「The Mystery of the Violin（バイオリンの謎）」としてその足跡が紹介されている。民団によると、日本の教科書に話題の主人公として取り上げられた韓国人は昌鉉が最初だそうだ。

最晩年までバイオリンを作り続けた名工は、二〇一二年五月に調布市の自宅で八二年の生涯を閉じた。ゆかりの深い長野県木曽町では、同年七月に記念碑が作られている。場所はかつて彼が建てた手作りの工房の跡地だ。二〇一七年には数百点の遺品とともに、「金泉」と名づけた遺作のバイオリンが故郷へ寄贈された。彼の工房は、楽器作りの道へ進んだ二人の息子が受け継いでいる。

第二章◉多国籍文化の担い手

ジョン・レノンに託した叫び

ジョニー大倉

ミュージシャン・俳優　一九五二〜二〇一四
静岡県沼津市出身　二世

ビートルズに取り憑かれた少年

一九世紀末に登場したレコードと再生装置は、二〇世紀後半に至って世界規模の巨大なポピュラー音楽市場を生み出す。そうした音楽産業の拡大と進化に最も貢献した存在が、ビートルズだ。活動期間は一九六二〜七〇年の七年半。ちょうど大衆消費社会が爆発的に成長しつつあった日本でも、数え切れない若者がその洗礼を浴びた。

もっともビートルズの音楽やファッションは、時期によって異なる。マッシュルームカットとモッズスーツでキャッチーなヒット曲を連発するスタイルは、六〇年代後半に日本で大流行したグループサウンズがコピーした。そして気難しそうな長髪のヒゲ面で内省的な世界を追求した後期のスタイルは、七〇年代のフォークロックにつながっていく。

だがそのどちらでもなく、あまり知られていないデビュー前のビートルズに自らの生き方を見出した若者がいる。音楽活動に専念し始めた頃のジョニー大倉だ。彼がビートルズに取り憑かれたのは一九六六年。中学二年の時、友人に誘われてその映画に足を運んだのがきっかけだった。

心を掴んだエネルギー

ビートルズが解散した一九七〇年、大倉は高校二年の春休みに自主退学する。同じ頃に「ジュリア」と名づけたビートルズのコピーバンドを率い、ゴーゴーホールと呼ばれた当時のクラブやビアガーデンなどで演奏を始めた。大倉のポジションはジョン・レノン役。ジュリアの演奏は評判を呼び、年末にはもう地方で当時の歌手、水原弘の前座を務めるまでにのし上がった。

だがその翌年、新興宗教に入信したメンバーの脱退でバンドが崩壊。大倉はバンドを再開したかったが、メンバーは集まらなかった。憔悴する彼は、やがて心に巣食う闇に飲み込まれていく。

苛立って荒れていた大倉はある日、手元にあったビートルズの本を何気なくめくった。目に止まったのは、何度も見ていたはずの一枚のモノクロ写真。まだ無名だった一九六〇〜六二年、ハンブルクのクラブで連日荒削りなステージを繰り広げていた時の様子だ。当時のビートルズは革ジャンで全身黒づくめ、そして髪型はリーゼント。これは一九五〇〜六〇年代にイギリスの労働者階級で流行したロッカーズスタイルだった。

「この時期の彼らが発する張り裂けんばかりのエネルギーは、革ジャンにリーゼントというスタイルによって、見事に体現されていた。これだ、と思った。ぼくに必要なのは、この情熱とエネルギーなのだ」（ジョニー大倉著『キャロル夜明け前』青志社）。

矢沢永吉との出会い

それまで長髪のレノンを真似ていた大倉は、髪を切って革ジャンとリーゼントに改める。翌一九七二年六月、大倉は矢沢永吉らと「キャロル」を結成。ロックンロールとロッカーズのファッションをコンセプトに、八月からライブ活動を始めた。そして一〇月、フジテレビの若者向け情報番組「リブ・ヤング！」に出演するチャンスを掴む。

「ロック」がしばしば六〇年代以降に多様化した先鋭的なポピュラー音楽を指すのに対し、「ロックンロール」はルーツであるR＆B色の強い五〇年代のそれを指すことが多い。キャロルが志向したのは後者であり、フォークロックやハードロックが台頭する七〇年代初頭にはもう野暮ったい過去の音楽だった。やはり海の向こうで時代遅れとなっていた労働者階級のファッションも、当時の日本のメディアではひときわ異様に浮いている。

だがそんなキャロルのパフォーマンスは、「張り裂けんばかりのエネルギー」を十二分に体現していた。「リブ・ヤング！」出演は大反響を巻き起こし、キャロルは放送の三日後に日本フォノグラムと契約。そして同年一二月、シングル「ルイジアンナ」でプロデビューを果たす。大倉はこの時まだ二〇歳を迎えたばかりだった。

キャロルが業界向けに作ったデモ音源には、篠山紀信、音楽プロデューサーの井上堯之、また当時を代表する音楽評論家たちが賛辞を寄せている。大倉や矢沢らはただ勢いやエネルギーだけでなく、地道なトレーニングと入念なリハーサルで音楽通も唸らせるテクニックを備えていた。

しかしよく知られる通り、彼らのパフォーマンスに最も熱狂したのはアウトローな若者たちだ。六〇年代までアロハシャツやスイングトップを着ていたカミナリ族はキャロルのスタイルを取り入れ、ほどなく暴走族と呼ばれるようになった。またキャロルの取り巻きとなったバイク乗りのグループのなかから、明確に「不良」をコンセプトとしたロックンロールバンド「クールス」が登場する。こうしてキャロルを大きな源流の一つとするサブカルチャーが、八〇年代以降「ヤンキー文化」として日本中に広く浸透していくのだ。

矢沢らとともに、二〇歳の若さで巨大なムーブメントの扉を開いた大倉。だが誰もが羨望するこの稀有な成功も、彼にとって苦渋に満ちた長い旅の通過点にすぎなかった。

自転車を漕ぐ父の後ろ姿

大倉は一九五二年九月、朴雲煥《パクウナン》として生まれる。出身地は静岡県沼津市。生家は大勢の在日が集まって暮らす集落の一角にあった。一家は大倉が生後三カ月の時、周囲の一〇世帯ほどとともに神奈川県川崎市へ移り住む。幼少期を過ごした家の周りは、常に静岡弁と朝鮮語が飛び交っていたという。

父親は、韓国の大邱から移り住んだ在日韓国人一世。母親も釜山《プサン》出身とする八〇年代の資料があるが、本人は後のインタビューで「日本で生まれたある種〝日本人〟」とも語っている。また父親は朝鮮の伝統打楽器「長鼓《チャンゴ》」の名手、母親は学生時代から詩人だったという発言もある。

大倉によると父親は家畜を盗んだ相手を追って済州島《チェジュド》から大阪へと渡り、そのまま日本に居着いた。父親は韓国に「本妻」がおり、大倉の母親は「二号」だという。父親の来日時に「本妻の長男が一緒にくっついてきた」というが、その消息については言及していない。大倉の父親と母親は「祖国の建国パーティで知り合った」そうだ。夫婦は大倉のほかに一〇歳上の姉と妹をもうけている。

父親は日本統治時代、日本軍で同じ朝鮮人を監視する軍属だったという。川崎に移ってからは、港で荷物の積み下ろしに従事する港湾労働者＝沖仲仕《おきなかし》の親方をした。

父親は年をとってから生まれた大倉を、よくかわいがったそうだ。だが大倉が五歳の時、胃癌で他界した。入院する時、父親は布団を積んだ自転車を自分で漕いで病院へ向かったという。左右にふらふらとよろめきながら、荷台の左右から布団の垂れ下がった自転車を漕ぐ父親の後ろ姿。五歳の時に見たこの光景は、大倉の脳裏に終生焼きついていた。

自著『キャロル夜明け前』で大倉はこう綴っている。

「異国を渡り歩き、日本を終の棲家とした父。志が高く、冒険心に富んだ父にとって、日本はあまりにも狭く、小さな国だった。父はドブロクを呑むたび、こんなことを叫んだ『宇宙は広いのに、なぜおれは此処にいなければいけないんだ！』父の叫びは、いまもぼくの耳の奥で木霊している。みずからの宿命を呪った父。父の心はいつも、此処でない何処かを求めていた」。

全てを置き去りにして疾走する

母親は三人の子を育てるため、市電に乗って川崎のキャバレーへ通った。気弱だった幼少期の大倉はよくいじめられ、そのたびに母親のエプロンにすがって泣いたという。健気に母親の代わりを務めた姉も、大倉をやさしくいたわった。

大倉は「ぼくには父から受け継いだ血があり、名前があった」とも書いている。だが彼の母親は幼い大倉を在日社会から遠ざけ、日本社会に溶け込ませようと努めた。大倉は「そのせいで、ぼくは韓国語がまったくできない」と書いている。

一家はやがて在日が集まり住む場所から少し離れたところに引っ越した。大倉はこれを、いじめられる自分を不憫に思った母親の思いやりだったのだろうと述懐する。だが別の回想では、恐らく引っ越しを助けた母親のパトロンらしき男が家へやってきた時の不快な思い出も綴っている。同時期に母親は一軒のバーを任され、キャバレー勤めから足を洗った。

無気力に過ごした貧しい幼少期。だが次第に生来の体格と身体能力に助けられる。小三〜四の頃、運動会の選手を決める競走で一位になった。後に「そのとき、すべてがフワーッと吹き飛んだような気がしたなあ」と振り返っている。

川崎市立渡田中学校に進むと、本格的に陸上を始めた。「走っているあいだだけは、コリアンでも何者でもない存在になれた。すべてを置き去りにして、心のなかをカラッポにして疾走する。その快感に、ぼくは病みつきになった」（ジョニー大倉著『キャロル夜明け前第二章』青志社）。

特に速かったのはハードルだ。大倉は八〇ｍハードルで川崎市の記録保持者にもなった。やがて陸上部のキャプテンになり、中二で学級委員、中三で生徒会長に。勉強でも負けず嫌いを発揮し、優秀な成績を収めたという。

ミッキー・カーチスが好きだったという姉の影響もあり、早くから音楽にも関心を持っていた。カーチスは後にキャロルのデビューをプロデュースするロカビリーの大御所だ。小学校五年の時には市主催ののど自慢大会で三田明の「美しい十代」を歌い、賞をもらっている。

大倉は小学生時代から新聞配達などのバイトを続けており、ある日稼いだ金でフォークギターを買う。エレキブームだった当時、「スポーツや勉強の合い間にちょいとやろうかな」という軽い気持ちだった。やがて中二でビートルズを知ると、友だちとコピーバンドを結成。中三の時にはエレキ嫌いの教師を説き伏せ、校内でライブを行った。

「自由に飛んでいくことができた」

民族の出自を隠すことにも細心の注意を払っていた。だが意中の女子生徒を口説いた時、誰かに告げ口されたことがあったという。大倉は「その子はなんとも思ってなかったかもしれないけど、俺はもうダメだと思っちゃってさ、自分でダメにしちゃったな」と振り返っている。

陸上もほどなく挫折した。全日本中学校放送陸上競技大会に出場した後、オリンピック強化合宿という目標が見えてくる。だが国籍が違う大倉は参加できない。また神奈川県立川崎高校に進学してハードル走の距離が八〇mから一二〇mになると、身長の高い選手に次々と追い越された。高一でインターハイに出場するが、その後は気が抜けたようになって止めてしまう。

中学時代の活発な少年は消え、無口になった高校生の大倉は自分の内面深く潜り込んでいった。そんな時期に彼の心を支配していたのがビートルズ、そしてジョン・レノンだ。

もみじ葉の　風と遊ぶを　ひとり追う

大倉が高校時代に作ったこの俳句は、神奈川県の何かのコンクールに入選したという。

歯どめなく内向的になっていく彼の内面に、暗いエネルギーが鬱積していく。それを吐き出せるのは、音楽を演奏している時だけだった。やがて中学時代の友だちを誘ってジュリアを結成。高二だった一九六九年から、川崎を拠点にライブ活動を始めた。

この年の夏、母親はそれまで住んでいた家から数分の店舗兼住宅で自分のスナック「美香」を開く。すでに家を出ていた姉を除く一家は、その二階に移り住んだ。

翌年春、大学進学に希望が見出せなかった大倉は高校を中退。母親のスナックを手伝いながら、ライブ活動に明け暮れる。もっとも音楽で生計を立てる具体的な考えがあったわけではなかった。「音楽はぼくを飛翔させてくれた」「国籍も、名前も、貧富も、家庭環境も、何もない。ただ、音楽というピュアなうねりがあるだけ。そのうねりに身をまかせるだけで、ぼくの心は、此処ではない何処かへ自由に飛んでいくことができた」(『キャロル夜明け前』)。

川崎のゴーゴーホールで大倉と矢沢が初めて出会ったのは、この時期のことだ。

大倉の失踪とキャロルの崩壊

一九七二年にキャロルとして活動を始めた頃、大倉は入籍しないままつつましい結婚パーティを開く。相手は「美香」でアルバイトをしていた日本人女性。その胎内にはすでに大倉の子を宿していた。だが同年一二月にプロデビューした直後から、大倉はリードギターの内海利勝らと毎晩飲み歩くようになる。やがてドラッグに溺れ、妻と暮らすアパートにも戻らなくなった。

若いミュージシャンが突然の成功に自分を見失うことは珍しくない。しかし大倉より三歳年上の矢沢は、並外れた意志と行動力でプロとしての成功に突き進んだ。結成当初の矢沢はフロントマンとして大倉と対等な立場だったが、ほどなくリーダーとしてバンドを取り仕切るようになる。

一九七三年六月、キャロルは大倉作詞、矢沢作曲のシングル「ファンキー・モンキー・ベイビー」を発売。ロックバンドとして例のない三〇万枚の大ヒットとなり、キャロルの活動はますます多忙を極めた。そんななか大倉はいっそう精神を消耗し、情動を抑えきれなくなる。そして全国ツアーの最中だった同年一一月、北海道小樽市での公演を終えた後に失踪した。

ほどなく川崎の実家に戻った大倉を、母親は精神科に連れていったという。キャロルは代役を立てるなどして活動を続け、翌一九七四年二月に大倉が復帰する。大倉によるとレコード会社や所属事務所の反対を押して復帰させたのは、矢沢だった。

だが復帰後も大倉はますます鬱屈を募らせ、メンバー同士の関係もぎくしゃくしていく。そして一九七五年四月、大倉の発案でバンドは解散した。

演技者としての成功と挫折

大倉は解散と同時に発売されたメンバーのエッセイ集『暴力青春 キャロル――最後の言葉』（KKベストセラーズ）で、初めて出自を公表した。また同年七月公開の映画『異邦人の河』では、朴雲煥の本名で初主演している。この映画は、在日韓国人二世李學仁《イハギン》の監督デビュー作。在日社会の苦悩を正面から描く内容だ。大倉＝朴はそこで「山本」を名乗る朝鮮人青年李史礼《りしれい》を演じた。

大倉の周囲は本名の公表を喜ばなかったという。大倉をソロで売り出そうとしていたレコード会社は腹を立て、ラジオのレギュラー番組も降ろされた。大倉は後にこう語っている。「正直言って早過ぎたよな（笑）、仕事減ったし。でもさ、名前隠して、自分じゃないフリして、そういう窮屈なのガマンできないのよ」。

それでも大倉のソロデビューは、根強いファンから熱い歓迎を受けた。だが彼がキャロルからの脱皮を試みるにつれ、ファンは離れていった。

一方で一九七九年のテレビドラマ『Gメン'75』出演から俳優の仕事が本格化し、演技者としての才能を開花させる。一九八一年、映画『遠雷』で日本アカデミー賞優秀助演男優賞を受賞。太平洋戦争を舞台とした一九八三年の映画『戦場のメリークリスマス』では、父親がかつてそうだった朝鮮人軍属役で鬼気迫る演技を見せた。

一九八七年には、翌年放送開始のNHK大河ドラマ『武田信玄』で武田四天王の一人、馬場信春役に抜擢される。だが同年一〇月に富山県でホテルの七階から転落、全治六カ月の重傷を負って出演を棒に振った。本人は「体力作りのため窓の手すりにぶら下がった」と説明したが、NHKには以後「出入り禁止」となる。また俳優業のかたわら自分の音楽事務所で音盤制作も続けていたが、残ったのは巨額の借金だった。一九八九年に元キャロルの内海や高橋ジョージらとともに結成したバンドも失敗。暴飲暴食に耽って容姿も衰え、俳優としての仕事も減っていく。稼げなくなった大倉に代わって家計を支えたのは、パートとして働く妻の眞理子だった。

最後に取り戻した絆

大倉は二〇〇三年、五〇歳で国籍を韓国から日本に移した。再起のための鍛錬として打ち込んだ空手で有段者となったのを機に、「この国に根をおろす」ことを「再生のアイデンティティー」にしたという。同時に眞理子と入籍し、正式な夫婦となった。同じ年にキャロルのDVDが発売され、その印税で生活苦から解放されたとも語っている。

ミュージシャンとしての再起はその後もトラブルに見舞われた。だが大倉は妻をマネージャーに、二人三脚で小さなライブハウスを回り続ける。

やがて二〇〇九年三月に見つかった肝臓のリンパ腫は、内視鏡手術で快癒。だが二〇一三年五月、今度は肺癌末期と診断される。最大一五センチの癌が一五個見つかり、家族にだけ「余命二週間」と告げられた。大倉は過酷な抗癌剤治療に耐え、翌二〇一四年四月の復活ライブで座ったまま七曲歌うまでに回復する。だがまたしても容態が悪化し、同年一一月一九日に世を去った。

一九七二年生まれの長男は俳優兼ミュージシャンだ。彼は毛利賢一というそれまでの芸名を、二〇一四年三月にケンイチ大倉と改めている。

幼い頃から大倉の放蕩で家庭は荒れ、ケンイチは父親を嫌っていた。だが最後の闘病をきっかけに家族は絆を取り戻し、父親とのわだかまりも解けたという。

大倉夫妻にはケンイチ、長女、俳優として活動中の次男大倉弘也の二男一女がいる。二〇一五年に東京銀座のライブハウスで行われた一周忌イベントでは、三人の子供と眞理子がステージに並んだ。「まだ家にいてほしい」という眞理子の希望で、一周忌を迎えてもまだ納骨していなかったという。

不条理をくるんだ訛り

松田優作

俳優　一九四九〜一九八九
山口県下関市出身　二世

下関が意味するもの

作家の松田美智子は、かつて夫だった俳優の松田優作について二冊の本を書いている。一冊目は一九九一年に松田麻妙の名前で出した自叙伝『永遠の挑発 松田優作との21年』（リム出版新社）だ。

そのなかで、美智子がふと口にした方言から互いに同じ山口県出身だと分かる場面がある。一九七一年に美智子と知り合って間もない松田が、突然「俺を、おまえん家の養子にしてくれないか」と切り出した後のやり取りだ。

美智子は岩国、そして松田は下関が故郷だった。美智子は同郷だったことで親しみを覚えたが、なぜか松田には下関出身と知られたことが「全面的に不愉快な事実」だったという。そして養子の話に困惑する美智子に苛立ち、「おしまいだ、別れよう」と言って立ち去ろうとした――。

本州西端の下関は、古くから海の玄関口とされてきた。江戸時代に日朝間を行き来した朝鮮通信使も、対馬を経てここから本州に上陸している。一九〇五年には、下関と釜山《プサン》を結ぶ関釜連絡船が就航。同年にはまた、釜山から京城＝現在のソウルへ至る京釜鉄道も全線開通した。

こうして下関は敗戦までの間、日本と朝鮮そして中国大陸を結ぶ輸送網の拠点となった。日本へ渡ってきた在日朝鮮人の多くが最初の一歩を踏んだのもここだ。

朝鮮人たちは日本各地で身を寄せ合うように集まり住み、朝鮮人部落、朝鮮村などと呼ばれる集住地域を形成する。初めてこの朝鮮村ができたのが下関、そしてその目と鼻の先に位置する九州の玄関口、門司だ。

渡航者の多くは大阪や福岡をはじめ日本各地へ散らばっていったが、上陸した港にそのまま居つく人々も少なくなかった。一九四〇年時点で、下関にいた朝鮮人は約八万人。その多くは炭鉱や港湾などで、危険かつ過酷な労働に従事していた。

日本人の父を持つ在日韓国人二世

松田の母かね子は、在日一世として下関で暮らしていた。松田武雄という日本名だけが知られている朝鮮人の夫は、一九四三年にニューギニアのハンサで戦死している。かね子はこの夫との間に松田より一四歳年上の長男、一〇歳年上の次男をもうけていた。

下関では一九四九年八月、在日本朝鮮人連盟（朝連）と在日本大韓民国居留民団（民団）の乱闘で一〇〇名近くが逮捕される事件が起きている。当時の半島で猛威を振るった左派勢力と保守勢力の抗争が、日本国内でも再現されていたわけである。

翌月八日、朝連は共産主義の台頭を警戒するＧＨＱによって解散させられた。その約二週間後に下関で生まれた赤ん坊の一人が、松田だ。

松田の父親は、戦争未亡人となったかね子と前年から同棲していた日本人。この日本人は、長崎から来た保護司だった。一八三㎝とも一八五㎝ともいわれる松田の長身は、この父親譲りとも伝えられている。ただし保護司は地元に妻子がおり、かね子とは不倫関係だった。かね子の妊娠を知った保護司は、長崎に帰って連絡を絶ったという。

もし保護司が認知して引き取っていれば、松田は外国籍の母を持つ日本人として生きたかもしれない。だが現実にそうはならず、かね子は父親のいない松田を自分の戸籍に入れて外国人登録の手続きをした。こうして松田は、在日韓国人二世の金優作となった。

二三歳で手にしたスターへの切符

俳優志望だった美智子は一九七一年、金子信雄が主宰する劇団で松田と出会った。松田は翌一九七二年、試験に合格して文学座の研究生となる。美智子はすでに脇役でテレビドラマにレギュラー出演していたが、やがてメジャーになった松田を家庭で支える側に回った。

松田と美智子が互いの出身地を知らなかったのは、二人とも東京で標準語を使っていたからだ。もちろん訛りがあっては成り立たない俳優という職業の特性もあっただろう。一方で少年時代の松田は、常に故郷を去りたいと思い続けていたとも伝えられている。故郷の訛りと称して、わざとアクセントのおかしな関西弁を話すこともあったそうだ。だが松田の体に染みついた出身地の言葉は、二〇年弱の短い俳優歴を通じて最も有名なセリフの一つとなった。

一九七二年から一九八六年まで放送された刑事ドラマ『太陽にほえろ！』は、四〇％を超える最高視聴率を稼いだ国民的番組だ。この番組で新米刑事役を演じた若手俳優らは、みな絶大な知名度を得てスターの仲間入りをしている。新米刑事は衝撃的な殉職シーンで視聴率を稼ぎ、後輩にその座を譲るというパターンが一四年にわたって繰り返された。

一人目の新米刑事、マカロニ刑事こと早見淳を演じたのは、萩原健一。松田が「彼のあとから追いかけ、しがみついている感じ」（松田優作著、山口猛編『松田優作、語る』筑摩書房）と語った憧れと模倣の対象だ。

文学座のつてを通じて、松田は一九七三年二月に同番組の端役に起用される。これが認められ、同年七月からのレギュラー出演が決定。こうして松田は一九七四年八月までの約一年間、萩原に続く二人目の新米、ジーパン刑事こと柴田純を演じた。

視聴者を摑み寄せるユーモア

戦前の流れを引く公立校の丸刈り校則があたり前だった当時、萩原と松田が演じた長髪の刑事はそれぞれアウトローな若者像の典型だった。子供や若者は二人のヒーローに熱狂したが、その親世代の多くは奔放で自己主張の強い長髪の若者を忌々しく思っていた。

後に番組お決まりの呼び物となる殉職の場面も、この二人だけひときわ不条理だ。マカロニ刑事は病院見舞いの帰り道に立ち小便した直後、脈絡なく唐突に現れた通り魔に刺されて絶命する。ジーパン刑事は命がけで救い出したチンピラ青年が錯乱状態で発射した弾丸を腹部に受け、その場に一人取り残されて死ぬ。

無名の自分をスターにした『太陽にほえろ!』の撮影現場で、松田は常に苛立っていたという。「自分のナチュラルな生理からいえば、ほとんどいやなところだったというか。人間関係とかね、実際に出ている役者さんなんかもね、ほとんど嫌いでしたからね」「なんか、こういうんじゃないんだっていうのが自分のなかにあって……」(『松田優作、語る』)。

松田美智子によると松田は撮影が始まって間もなく、セリフを改変しようとして監督や脚本家と衝突を繰り返した。そして「最終回だけは、好きにやらせてほしいと頼んだら、こっちの希望を入れてくれた」(松田美智子著『越境者 松田優作』新潮社)。

自分が撃たれたことが飲み込めないジーパン刑事は、手についた血を見て「なんじゃあ、こりゃあ！」と叫ぶ。有名なこのセリフは、松田のアドリブだったそうだ。美智子によれば「言葉も発音も、山口弁そのままだった」（同）、また高校時代からの親友も新聞の取材に「下関の方言のようだ」と語っている。

若者のカリスマ的スターから唐突に発せられた奇矯な方言――。予定調和を崩して緊張を緩ませる効果は、ユーモアと同じだ。だが見る側はすぐそれが不条理な死に対する叫びとして発せられたことを思い出し、人物の心情にもう一歩深く引き寄せられる。言葉にするのは簡単だが、一年間演じたキャラクターをこんなセリフで締めくくれる俳優は少ないだろう。こうして松田の故郷訛りは、テレビの予定調和を突き破って視聴者の脳裏に刻み込まれた。

やがて混沌とした七〇年代前半を過ぎると日本は安定成長期に入り、『太陽にほえろ！』も国民的番組の地位を不動にする。ジーパン刑事の後任は、屈託のないスポーツ刈りの柔道青年になった。一九七六年九月放送の殉職シーンでは、犯罪組織との銃撃戦で壮絶な玉砕が描かれている。

「どうしても、日本国籍に帰化したい」

松田美智子が松田について書いた二冊目の本が、右で引用した二〇〇八年のノンフィクション『越境者 松田優作』だ。そこで初めて、松田が『太陽にほえろ！』の撮影中に日本国籍を取得した経緯が詳しく書かれている。

松田が「どうしても、日本国籍に帰化したい」と美智子に協力を頼んだのは、『太陽にほえろ！』

のレギュラー出演が始まって二カ月後だった。松田はそれまでも何度か帰化を申請していたが、家庭環境などを理由に却下されたという。だが美智子の父は「山口県を地元とする元総理大臣の地区後援会長を務めており、元総理の秘書官とも懇意にしていた」。そこで松田は、美智子の父に頼ろうと考えたそうだ。

かつて朝鮮人は皇国臣民として創氏改名などが行われ、日本への同化が図られた。日本の敗戦後は紆余曲折を経ながら参政権の停止、外国人登録令などを通じて、日本政府の管理下にある外国人という立場への移行が徐々に進められる。だが一方で法律上は形式的に日本国民のまま国内法の統制下に置かれ、日本の教育法に基づく民族教育の廃止などが進められた。

そして日本政府は一九五二年四月のサンフランシスコ講和条約発効に際し、その発効と同時に全ての朝鮮人が日本国民の資格を失うという通達を出す。完全に外国人となった在日朝鮮人は当面の居留を認められたものの、出入国管理令による国外退去処分の対象者となった。また外国人登録法改正により、外国人登録証の常時携帯に加えて指紋押捺などを義務づけられた。

一方で日本政府はその後、日本にとって好ましい者、また日本に完全に同化した者に限って帰化を認める方針を維持していく。かつて行政指導として事実上強制されていた日本式の名前への変更は、その象徴だ。

多民族国家では個人の民族と国籍が一致する必要はなく、例えば中国系アメリカ人、韓国系アメリカ人、そして日系アメリカ人などがそれぞれ民族としてのアイデンティティを維持したまま社会に参加できる。それに対して単一民族国家を標榜する日本の帰化制度は、在日と呼ばれる集団を同化していくことを主なテーマとしていた。

もちろん自ら進んで同化するのも本人の選択だ。ただし『越境者〜』には、日本社会で生きていくには「帰化はやむを得ないのだと説得する長い手紙」を松田が長兄に送ったと記されている。松田本人の意思がどうだったかはともかく、少なくとも下関の家族は帰化をアイデンティティの喪失と考えて反対していたらしいことがうかがえる。

自然にこぼれ出た笑み

それまで無名だった松田は『太陽にほえろ！』で一躍脚光を浴び、全国的なスターとなった。パートナーの父に頼ってまで日本国籍の取得を急がなくてはいけなかった理由は、ここにある。『越境者〜』には帰化申請にあたって提出した動機書、つまり帰化理由を書く書類を読んだ美智子の記憶が綴られている。

「僕は今年の七月から日本テレビの『太陽にほえろ！』という人気番組にレギュラーで出演しています」「家族で楽しめる番組です」「もし、僕が在日韓国人であることがわかったら、みなさんが、失望すると思います。特に子供たちは夢を裏切られた気持ちになるでしょう」。

日本政府はこれを帰化させるべき正当な動機と認めたらしい。一九七三年に帰化を許可された韓国籍・朝鮮籍の申請者数は、五七六九人。松田はこのうちの一人となった。

九月に提出した申請が受理された知らせを受け取ったのは、同じ年の一二月。『越境者～』にはその時の松田の様子が、生々しく描写されている。「重く立ち込めていた霧がパッと晴れたような表情だった。自然に笑みがこぼれ、なんども頷いていた。『俺の知り合いは一年以上待ったあげくに不許可だったのに、政治家の力は凄いな』」。

同棲から五年目を迎えた一九七五年九月二一日、二六歳の誕生日に松田は美智子と入籍する。翌一九七六年一二月には長女が生まれた。松田は二番目の夫人となる松田美由紀を一六歳ないし一七歳の時から知っていたというから、長女誕生からほどなく出会っていたようだ。

美由紀とは一九七九～八〇年のテレビドラマ『探偵物語』での共演を通じて、関係が深まっていく。翌年一九八一年には美智子との家庭が破綻し、その年の暮れに離婚届が受理された。美由紀との再婚は一九八三年だ。

風化したフィルタ

松田は一九八九年一一月、膀胱癌による心臓死で四〇歳の生涯を閉じている。その母親が在日韓国人一世だったことは、生前公に語られていない。

美智子や再婚相手の美由紀を始め、周囲でそれを知る人たちはもちろんいた。親友だった俳優の水谷豊も、家族の思い出を語る本人の口から聞いたという。あるいはまた巷の一部では、「松田優作は朝鮮人だ」という噂も早くから流れていた。美由紀は没後一四年経ったインタビューで、こう語っている。「仕事仲間の在日の方に、同じアジア人なのに在日だ何だと何をいつまでも拘っているんだって、言ってたこともありました」（『新潮45』二〇〇三年一二月号）。

それが初めて公に伝えられたのは、松田の死から一〇年後のことだ。美由紀がファンクラブの会報に次のような一文を載せたのが最初だという。「優作は韓国と日本のハーフです。優作の心の中に流れていたアジアの血に、優作のエネルギーの何かがあったような気持ちになりました」。

美智子が書いた一九九一年の『永遠の～』では、母親の出身地が伏せられていた。例えば出会って間もない美智子が聞いた「俺を、おまえん家の養子にしてくれないか」という言葉は、何か言えない事情を抱えながらプロポーズしているように読める。だがいまなら成年養子が日本国籍の取得に役立つと考えていたのか、あるいは美智子との子を自分の戸籍に入れない方法を模索していたのか、といったような内面をうかがうこともできる。ストーリーは同じでも、行間のディティールをぼやかしていたフィルタが歳月とともに風化していったわけだ。もちろんこれは美智子の記述に限らず、生前の松田を巡る全ての言説にあてはまる。

「ドラマチックやなあっていうさ（笑）」

「おしまいだ、別れよう」と言った松田は結局出て行かず、二一歳の二人は同棲を続ける。ほどなく「本当のことを知れば、おまえは俺から、逃げて行くだろう」（『永遠の～』）という松田の言葉を聞いた時、美智子はまだ国籍のことを知らなかったという。一九七一年の終わりに娘の同棲を知った美智子の実家が松田の身辺調査を行い、「私生児であること、家が女郎部屋のような商売をしていて警察沙汰になったこと」(『永遠の〜』)などが告げられた。『越境者〜』ではここにもう一つ、在日韓国人という身上が加わる。だが美智子は素性を知ったことを黙っていた。やがて一九七三年になって、今度は松田がそのことを知る。

「知ってて、それでも、一緒にいてくれたのか……」(『越境者〜』)。松田はそれまで何度も美智子に苛立ちをぶつけ、時には暴力も振るった。だが美智子はこの時の涙ぐんだ様子を見て、「なにもかも許せる気がした」(同)という。

「私生児」「家が女郎部屋」といった生い立ちは、後に本人が雑誌のインタビューで公言している。松田はもともとインタビューで口数が少なく、聞き手が神経をすり減らす気難しい取材相手として知られていた。だが松田に近かった演劇評論家の山口猛よると、一九八一年の離婚、また一九八四年の母の死を経て、とりわけ女性誌で饒舌に語るようになったという。

山口が『松田優作、語る』に再録したインタビュー記事では、「(母親は)自分で最初は街に立っていたらしいから(略)それで客とデキちゃって、おれが生まれたわけよ(略)いま思えば、ドラマチックやなあっていうさ(笑)」(一九八五年)といった軽薄な口調が強調されている。一方、同時期の男性誌では「生まれてきた生い立ちとか、かなり厄介なあれだったものですから(略)そういうものの呪縛が断ち切れたときからでしょうね、生き方が変わってきたのは」(同)と、生い立ちとの決別を示唆していた。

故郷から逃亡した「朝鮮楼の芸妓」

松田が生まれ育ったのは山口県下関市今浦町。一九二三年の『門司新報』には、朝鮮人の強盗犯が「下関市今浦町朝鮮楼で逮捕」されたという記事がある。また一九二四年と翌年の『京都日出新聞』にはそれぞれ、下関の「朝鮮楼の芸妓」が「朝鮮人の情夫と駆け落ち」するなどして姿を消したと報じられている。いずれも楼主が懸賞金をかけて行方を追い、警察にも捜査を依頼したそうだ。映画のワンシーンのような逃避行が脳裏に浮かぶが、ハッピーエンドで終わることはなかっただろう。「朝鮮楼」は朝鮮芸妓がいる売春宿、または特定の屋号に使われた言葉だ。日本統治下のソウル＝京城府新町の花街にも、朝鮮楼を屋号とする娼館があった。

海運の発達した下関にも古くから、松田が生まれた今浦町を含む複数の遊郭街が存在していた。朝鮮では一九一六年の貸座敷娼妓取締規則によって、日本の公娼制度が定着。これにより朝鮮人娼妓が日本へ供給されるようになる。前述の通り下関に定住した朝鮮人も他地域と同様、炭鉱夫や港湾人夫など日本人の嫌がる仕事で糊口をしのいだ。そうしたなかで適齢期の朝鮮人女性が遊郭に回収されたのも、当然の流れだ。

一九四六年一月に発表されたGHQの覚書により、日本の公娼制度は廃止へと向かう。ただし日本の警保局（現在の警察庁に相当）は同月、私娼の存続は黙認するとの通達を出している。これに基づいて「特殊飲食店」が集まる売春街、通称「赤線街」の存在が可能になった。在日朝鮮人の法的立場はまだ流動的だったが、警保局は娼妓として登録された朝鮮人女性も日本人娼妓と同様に扱うとの判断を示している。赤線街が消えるのは、一九五八年の売春防止法施行後のことだ。

母の生業

松田の母かね子の姉も下関にいた。遊郭を経営する姉の夫は羽振りがよかったという。だがかね子と姉夫婦の関係は悪かったそうだ。

戦争未亡人のかね子は戦後、闇市で仕入れた品物の行商、質屋、よろず屋などで生計を立てていた。やがて一九四九年に松田が生まれるが、かね子は一九五〇年生まれと偽って出生届を出す。そのほうが運動でも勉強でも同級生より有利と考えたからだ。

そして松田が一九五七年に小学校へ入る数年前から、姉夫婦を真似て自宅の二階を娼婦に貸す商売を始めた。松田本人によると「赤線、遊郭がダメになったあとも名残りがまだあって、それぞれの家に個室があって、そこに女の人が住んでるんだけど、夜になると出かけていって」(『松田優作、語る』)客を引いてきたそうだ。

もっとも高校時代の親友は、松田の母の稼業を「連れ込み旅館」としている。住宅事情が悪くラブホテルもまだ全国に一〇〇〇軒ほどしかなかった当時、連れ込み旅館もそれなりに繁盛したのではないだろうか。

「お姉ちゃん」たちと見た芝居

取材に対してまだ寡黙だった一九七七年のインタビューによれば、演技との出会いは幼い頃「近所のお姉ちゃん」に連れられて見にいった地方巡業の芝居だった。一九八五年には、この「お姉ちゃん」が母の下で働く女性たちだったらしいことを示唆している。芝居は二代目大江美智子のような、女剣劇だったらしい。仕事前に「お姉ちゃん」たちが行く風呂屋にやって来たその一座を見て、役者の世界にほのかな憧れを抱いたという。

また日活、東映の活劇映画にも早くから夢中になり、一九五七年公開の『嵐を呼ぶ男』をリアルタイムで見ている。幼い松田は映画館の「あの、うしろめたいような」暗い雰囲気に魅了され、「あのなかに入ってみたい」という思いにかられるようになった。高校時代にはもう映画のシノプシスを書き、東宝映画のファンクラブの機関誌『東宝友の会』に掲載されたこともあるという。

松田は高校二年の時、アメリカにいる母の姉を頼って留学する。だが現地になじめず、挫折感を抱いて戻った――。あちこちで書かれている唐突な留学のエピソードも、『越境者～』で種明かしされている。満一六歳になって外国人登録証の携帯を強いられた松田が反発したため、かね子がアメリカ国籍を取らせようと考えたのだ。

松田が渡米したのは一九六七年一一月。アメリカはその五カ月前まで、一六の州で異なる人種間の結婚さえ禁止されていた。その白人社会が突きつける容赦ない排除が、松田にとって耐え難い挫折になったそうだ。

一方、韓国からはその前年までの一〇年間だけで一万五〇〇〇もの人々がアメリカに移り住んでいた。移民者たちがみなそうしたように、かね子の姉も現地の韓国人社会を頼りにしたのかも知れない。だが言葉の通じない二世の松田には、それも難しかっただろう。

松田が勝手に帰国するとかね子は激怒したが、長兄が盾になってとりなした。松田は東京の夜間高校を一九六九年に卒業し、関東学院大学に入学。だが劇団への道を目指して一年半で中退した。

一九七七年にはまた「かなりのワルだったから……」と高校時代を振り返っている。実際に暴れていたのは高校以前だったようだが、スターになった後も暴力沙汰は絶えなかった。一九七四年三月、一九七五年四月にそれぞれ取材記者に暴行した事件が報じられている。

一九七五年にはまた、撮影で訪れた鹿児島県で一九歳の予備校生相手に暴行事件を起こした。いったん示談にしたものの、翌一九七六年一月に逮捕。同年三月に懲役一〇カ月、執行猶予三年の判決が下った。事件には止むを得ない事情があったとの証言もあり、過熱したスキャンダル報道が独り歩きしたことも否定できない。翌年に受けた右のインタビューでは、「事件」以後はもう演技以外のことに関わりたくないと達観した心境を語った。

戯曲『真夜中に挽歌』

二人目の夫人、松田美由紀との関係を深めることになった『探偵物語』は、一九七九年九月から一九八〇年四月まで全二七話が放送された。松田はこの作品を世に出すために苦労したという。「やっとこさ企画とおして、頭下げて、そんなもんつくられたら困るってさんざん言われて、それでも強引につくったものなんだから」（『松田優作、語る』）。

テレビドラマとしては松田の代表作となったこの作品について、李建志《りけんじ》は著書『松田優作と七人の作家たち』（弦書房）でその二重性を指摘している。松田が演じる探偵がアンダーグラウンドな人間模様を掘り出すこのドラマには、ヤクザ、華僑、海外移民二世、米兵とのハーフといった日本社会のマージナルな人々が描かれる。だがこのドラマに在日コリアンが登場することはなかった。

苦労の末に念願の日本国籍を手に入れた松田が、母親の国籍をどう意識していたかは分からない。ただし松田は生前、演劇を通じてこのテーマに何度か取り組もうとしている。

松田は演技だけでなく、詩、小説、戯曲、シノプシスなどの厖大なテキストも残した。文字から作品にアプローチする志向性は早くから発揮され、一九七一年には自ら三島由紀夫の『月』を脚色した演劇を仲間たちと上演している。

一九七八年一一月に上演された松田の戯曲『真夜中に挽歌』には、「李バクラン」という女性、また「知念ジョージ」という沖縄出身の青年が登場する。主人公の「とおる」は二人に言う。「どいつもこいつも、伝統ある日本人をバカにしやがって……ほんのちょっと前に日本人になったばかりの、甘ったれたヒヨッコが、そしらぬ顔でこの町を闊歩してたってわけか……」（松田優作著、山口猛編『松田優作　遺稿』立風書房）。そして「とおる」は復讐のために二人を射殺して劇を終える。

四方田犬彦はこの「とおる」こそ、松田自身のカリカチュアだと指摘した。

松田はこの時期以後、戯曲を書かなくなる。代わりに一九七九年に出会った脚本家の丸山昇一と、共同作業で無数のシナリオを作るようになった。

松田は当時、自ら中上健次の短編小説を翻案した作品のシナリオを丸山に書かせたことがある。自分と関係を持った女を次々と殺す主人公に、松田は自分を仮託していたそうだ。松田は丸山に自分の生い立ちを話し、どこかで決着をつけたいということを語った。丸山によると松田はその時、かつての国籍も含めて自分が何者かをいずれ吐露しなくてはいけないと考えていたという。

かね子の死

松田美智子の『永遠の～』によると、松田と母かね子の関係は疎遠であまりやり取りがなかった。後に再婚する松田美由紀に対しても、「おまえを家族には絶対に紹介しない」と言っていたそうだ。だが一九八四年一月にかね子が脳卒中で「あっけなく逝った」ことは、松田にとって「いくつもの悔いを残す」結果になったという。松田は母の葬式に参列する際、美由紀を初めて故郷へともなった。

仮に国籍がパスポートに印字される置換可能な文字列に過ぎなくても、血を分けた肉親を替えることはできない。かね子は売春宿あるいは連れ込み旅館という生業にいそしみながらも、多くの一世と同じく子供たちには高い教育を受けさせたいと願った。長男を東京の大学に通わせ、松田にも厳しく勉強させようとした。下校後も遊びに行かせず、珍しく下関に大雪が降った日も穴の空いた長靴で登校させたそうだ。

上京した松田は大学を中退した後も、しばらくかね子の仕送りを受け取っていた。『越境者〜』には、しばしば松田の元に届いたかね子からの手紙の話が出てくる。それは全てカタカナだけで書かれており、松田は目を通すと手元に置かず捨てていたという。

そんなかね子の他界が、松田の何かを変えたのだろうか。松田は八〇年代後半、朴李蘭というペンネームで演劇との関わりを再開している。朴李蘭はボブ・ディランのもじりと称していた。劇の幕間には朝鮮の伝統音楽、パンソリを流していたという。


「この国の人たちってひとつ決めてしまいたがる」


「この国の人たちってひとつ決めてしまいたがる。わからないってのが嫌いみたいだから、決めないと不安なんですよ。評論家でもなんでもそうですけどね。なんとかそれでまとめたいものだから、その人のいちばん目立っているもので名称つけたがる。そういうやつはどうだっていい」(『松田優作、語る』)。一九八六年のインタビューにあるこの発言で、「この国」=日本の対極として念頭に置かれているのはアメリカだ。

アクション俳優のレッテルに苦しんだ松田は、森田芳光監督と組んでイメージ払拭を図った『家族ゲーム』(一九八三年)と『それから』(一九八五年)で国内批評家の高い評価を受ける。『家族ゲーム』はアメリカでも一九八四年九月に一般公開され、注目を浴びた。同月一四日付の『ニューヨーク・

タイムズ』は松田の写真とともに紙面の六分の一ほどを使って作品を紹介し、高い評価を与えている。だが日本の映画界からは、松田と森田に次回作のオファーがなかったという。

松田は一九七〇年代末頃から、ロバート・デ・ニーロへの傾倒をよく口にするようになった。映画『野獣死すべし』（一九八〇年）で体重を八kg落とし、奥歯を四本抜いたのもその影響だ。一九八八年の男性誌のインタビューでも「役者として誰も行かなかったところに、デ・ニーロは触ったような気がするんだ」と最大級の賛辞を贈った。

松田はこのインタビューと同時期、最後の出演映画となった『ブラック・レイン』（一九八九年）のオーディションを受けている。来日したキャスティング・ディレクターと会ったのが一九八八年六月二二日。最終オーディションで出演が決まったのは同年九月五日だ。そして松田は同月二七日に東京都杉並区の自宅トイレで倒れる。緊急入院した西窪病院（現武蔵野陽和会病院）で精密検査が行われ、悪性度の高い膀胱癌が見つかった。

観客が助命を望んだ狂気のヤクザ

「リドリーが言うんだ。『ユーサク！お前は、やっぱり普通の役者なんだ。俳優なんだ』日本でだと、こうしたことで興行的に成功すると『松田優作はアクションスターだ』という形でしかいわれないだろう。でも違うんだ。むこうは違った角度で評価してくれる。リドリーが〝普通〟の俳優だという時、それは俺がどんな役でもやれるという可能性を持っていることをそのまま言ってくれたんだ」（山口猛著『松田優作 炎 静かに』光文社）。

香港で行われた『ブラック・レイン』のアフレコから帰国した一九八九年七月、松田は演劇評論家の山口猛にリドリー・スコット監督の話を熱っぽく語った。同作での松田はセリフが少なく、出番の大半がいわゆるアクションシーンだ。だがハリウッドが評価したのは、アクションの身のこなしではなかった。過度にカリカチュアライズされながら共演者を圧倒する狂気のヤクザ「サトウ」を作り出した松田のイマジネーション、造形力、それとユーモアのセンスだ。

サトウはマイケル・ダグラス演じる刑事ニックの親友を目の前で斬首する。物語はニックが仇敵サトウを殺して復讐を果たし、観客をカタルシスに導く予定だった。

だが製作陣はサトウが死ぬバージョンと死なずに逮捕されるバージョンの二通りを作り、それぞれ試写会で観客の反応を確かめた。試写会会場でより多くの拍手を集めたのは、公開版と同じサトウが死なないエンディングだ。

同年一〇月五日に渋谷で公開に先立つ特別上映会が行われ、リドリー・スコット、主演の高倉健らが舞台挨拶をした。九月二八日に再入院していた松田は一時退院して会場には向かったものの、あまりの腰痛に引き返さざるを得なかった。すでに癌が膀胱から骨盤や腹膜に転移し、癌性腹膜炎まで引き起こしていたからだ。

特別上映会があった日、早速ハリウッドから松田にオファーが届く。ショーン・コネリー監督作、ロバート・デ・ニーロの相手役だ。それからほどなく、松田は病室で知人にこのオファーを断ったと痛恨の表情で伝えた。そして一九八九年一一月六日に息を引き取った。

残された不条理

誰もが頑健そのものと思っていた松田の体は、幼い頃から不調だらけだったそうだ。小学生の時に患った腎結核で、片方の腎臓が石灰化して機能していなかった。中学生の時の中耳炎も慢性化したといい、一九七五年に手術している。本人の頑固な病院嫌いも病苦に拍車をかけていたようだ。中耳炎は痛み止めに頼って放置した結果、髄膜炎を併発しかねない状態まで悪化したという。

松田美智子は『越境者〜』で、膀胱癌の告知にも疑問を呈している。

意外なことに松田はずっと自動車の運転免許証を持っておらず、ようやく取得したのは死の五カ月前だ。同じ月には、本格的なアメリカ進出に備えていい英会話教師を見つけたと喜んでいた。またアメリカロケから帰国した後、知人に音楽活動の新しいプランを話していたという。

松田は『ブラック・レイン』を撮り終えてから治療に専念するつもりだったのだろう、ともいわれている。だが実際はその後も、単発のテレビドラマを優先して化学療法や放射線療法を断った。

九〇年代後半まで癌の病名や回復の見込みなどは本人に知らされず、家族にだけ告知されることが珍しくなかった。だが松田美由紀は次のように語っている。「非常に悪いことは死の1ヶ月前に知ったのですが、私も、多分本人も、最後の最後まで本当に死ぬなんて思ってなかったです。死の数ケ月前までふつうに仕事をし、旅行もした」(『新潮45』同)。記事では、告知に関する美由紀の言及はこれで終わっている。松田は死の間際まで、病が治癒すると思わされていたのだろうか。『越境者〜』ではまた晩年の松田がスピリチュアルに傾倒し、「魔法の水」や先祖供養などで癌が治ると信じていたらしいことが綴られている。「命と引き換えにハリウッド進出を果たして人生を全うした」という予定調和の物語とは、かけ離れた最後だったようだ。

ハリウッドも母の祖国も、何もかも宙ぶらりんのまま投げ捨てられた。この不条理をどんな言葉で表せばいいのか。松田にしか解けない問いがずっと取り残されている。

黒板に書いた「祖国」代表の決意

鄭大世《チョンテセ》

プロサッカー選手　一九八四〜
愛知県名古屋市出身　三世

オモニが言うこと

サッカー選手鄭大世《チョンテセ》は二〇一四年九月、三〇歳で父親になった。妻は前年一二月に結婚した元キャビンアテンダント。国籍は韓国だ。二〇一七年に第二子を授かって四人になった一家は、同年秋に韓国のテレビ番組で仲睦まじい様子を披露している。一八一㎝の大世との身長差をあまり感じさせない妻のすらりとした長身は、韓国メディアで感嘆と羨望を集めた。

『日本代表・李忠成《りただなり》、北朝鮮代表・鄭大世』（古田清悟、姜成明《かんそんみょん》著・光文社）には、大世が著者の姜成明を実家に招いて家族と食事をした際の会話が綴られている。母の李貞琴《リジョングム》が「テセはチョソンサラム（朝鮮人）と結婚するわよね」と言うと、大世は「ナニ人でもいいんじゃねえの？」と返した。
母親はそれから国籍と民族に関する考えを滔々と述べた後、席を立ってキッチンへ向かった。大世はその隙に笑みを浮かべながら「日本人の可愛い女の子と出会う機会も多い」ことを認めたが、続けてこう話した。「でも、オモニが言うことは、どんなことでもまず受け入れようと思ってます。母親は母親。かけがえのない存在ですから」。それから大世はリビングのグランドピアノでその腕前を披露し、姜を驚かせた。

母の思いを無にしたくなかった

子供時代の大世が「オモニ（母さん）がいないとゴール決められないよ」と言うと、母親は「どの試合も欠かさず来るように」なった。大世が通った朝鮮学校の授業参観では、「母はクラスのどの父兄より早く教室に来て」いたという。その母親を大世は自著でこう評する。「母には本当に愛情があったのだなと思います」「あふれるような愛情ときっちりした理性をもって対してくれるような親は、そういないだろうと思うのです」。

その愛情は厳しさとなって表れることも多かった。大世は子供の頃から算盤、公文式、水泳、空手など、多くの習いごとに通っている。多くは長続きしなかったが、高校一年まで通い続けたのがピアノだ。だが本人はピアノのレッスンが「ほんとうに嫌い」だった。いつも内心では、レッスンが何らかの理由で中止になればいいと願っていたという。でも止めなかったのは、「母の思いを無にしたくなかった」からだ。

母親は朝鮮学校で音楽の教師をしていた。教壇でもやはりスパルタ式で鳴らしたらしい。その後、美輪明宏、美川憲一、菅原洋一らとも共演するシャンソン歌手に転身した。二〇〇九年にも大世が母親のコンサートに足を運び、その熱唱にひざの故障を癒されたというスポーツ紙の報道がある。

黒板に書いた決意

父親の鄭吉夫《チョンギルブ》は、建設会社を営んできた。大世は自分の運動能力や体つきが父親譲りだと語る。国籍も父親から受け継いだものの一つだ。

大世が生まれた当時の国籍法は「父系優先血統主義」に基づき、新生児は選択の余地なしに父親と同じ国籍になった。吉夫は韓国籍の在日韓国人二世。母親の貞琴は朝鮮籍の在日朝鮮人二世。したがって大世はこの日本の法律に基づき、誕生時点で自動的に韓国籍となった。

国籍と民族に関する夫婦の考えは違った。在日社会で育った母親は、半島の国籍、そして朝鮮人の魂を守り通すことに絶対の信念を置いていた。それに対して日本人社会を生活の場としてきた父親は、大世を帰化させることも考えていた。

とりわけ子供の教育を巡り、夫婦の争いは絶えなかった。だが貞琴は自分の考えを押し通し、大世とその兄、姉を含む三人の子全てを朝鮮学校に入れている。貞琴は反対する父親に黙って大世を朝鮮学校の入学式に連れていった。

大世は『祖国と母国とフットボール』（慎武宏著・武田ランダムハウスジャパン）で、こう述べている。「オレは朝鮮学校で育ったから自分が〝在日〟であるということをしっかり自覚できた」。また二〇一七年一〇月に韓国ＳＢＳテレビのインタビューでは、「自分の祖国がどこか、自分がどの国の国民かを朝鮮学校で学んだ」と話している。そして初めてＷ杯を意識した一〇歳の時、学校の黒板に「朝鮮代表になる」と書いた思い出を改めて披露した。

朝鮮のパスポート

愛知朝鮮高級学校ではインターハイ予選ベスト四に進出した。高校三年の時に明治大学体育会サッカー部セレクション、つまりスポーツ推薦の誘いを得て受験するが失敗。大世は東京都小平市の朝鮮大学校に進学した。

大学四年の時にＪ３に相当するＪＦＬチームとの試合でハットトリックを決め、エージェントの目に止まる。そして二〇〇六年にＪ１の川崎フロンターレに入団し、史上初の朝鮮大学校出身Ｊリーガーとなった。二〇〇七年にはチーム二位となるリーグ戦一二得点を上げている。

北朝鮮の代表選手として初めてピッチに立ったのもこの年だ。だが悲願の代表に名を連ねるまで、大世は辛い体験を乗り越えなくてはいけなかった。

朝鮮籍から韓国籍に切り替える手続きはさほど困難でなく、年間二千人ほどが新たに韓国のパスポートを取得している。大世とその両親は、韓国籍から朝鮮籍へ変える手続きも同じように可能だと考えていた。恐らく周囲で誰も試みたことがなかったのだろう。

だが「朝鮮代表」が夢から現実に近づいてようやく、それが不可能であることが分かる。日本政府は、韓国籍から朝鮮籍への切り替えを認めていないのだ。「朝鮮代表」の道が絶たれたことで大世の胸に大きな穴が空き、両親の亀裂も深まって家庭が荒れた。大世は母親がこの時、「父と結婚したことすら悔やんでいた」と回想している。

だが大世を応援する周囲の人々は諦めなかった。

複数の母国を持つ海外サッカー選手は珍しくない。FIFA（国際サッカー連盟）も多様な国籍に関する規定がある。そこで支援者らが在日の歴史的背景などをFIFAに説明して理解を求めたところ、別の国の代表経験がなく、北朝鮮のパスポートを持っていれば問題ないという回答を得た。こうして北朝鮮当局、在日韓国大使館などへの粘り強い働きかけを通じて、ようやく大世に朝鮮のパスポートが発給されたのだ。

民族教育への戦い

戦争が終わって間もない一九四五年一二月、広島県佐伯郡大竹町の朝鮮人たちによって「国語講習所」が開かれる。日本にとどまった朝鮮人は、そこで皇民化政策によって喪失した母語を子供たちに教え始めた。これが後の朝鮮学校に代表される民族学校のルーツだ。

当時の大竹町にいた在日朝鮮人一世の金弘善《キムホンソン》が、貞琴の母。つまり大世の祖母だ。

一三歳の弘善が慶尚北道《キョンサンプクト》安東郡《アンドングン》（現安東市）から妹と弟をともなって日本へ渡ったのは、一九三二年のこと。当初は愛知県の紡績工場で一日一五時間近く働いた。やがて同胞と結婚して二児を授かるが、夫が死没。それから広島へ移り、再婚して三児をもうけた。だが二番目の夫も、戦後ほどなく病死する。弘善は病院に行くよう勧めたが、夫は行かなかった。臨終の間際、夫は「日本の文字が読めないのが恥ずかしくて病院に行けなかった」と弘善に打ち明けたという。

戦後すぐ発足した在日本朝鮮人連盟（朝連）などの団体は、民族の言葉と文化を教えることを重視した。一九四七年一〇月時点で、全国に六〇〇近い民族学校が作られている。だがＧＨＱ（連合国軍最高司令官総司令部）は、共産主義に接近していた在日朝鮮人を日本占領の不安定要因と見なした。同月に下されたＧＨＱ指令に基づき、文部省は一九四八年一月に都道府県知事への通達を出す。民族学校を廃止して朝鮮人の子供を日本の学校に編入、朝鮮語教育は認可を受けた小中学校でのみ課外活動として行う――という内容だ。

三月から始まった民族学校の閉鎖に、朝鮮人が猛反発したのはいうまでもない。四月には三万人参加の集会及びデモと衝突した警官が発砲し、一六歳の少年金太一が死亡する。これが阪神教育闘争だ。五月になって文部省と在日朝鮮人団体は、民族教育を行う私立学校設立の申請を日本政府が認可するといった内容で覚書を締結。無認可となった民族学校の運営はその後も続いたが、一九四九年の朝連解散を経て閉鎖措置が取られた。

祖母から受け継いだ思い

そうした時代、広島県安芸郡海田町に朝鮮中級学校を開校しようという運動が起こる。発起人はほかでもない大世の祖母、弘善だ。

弘善は大竹町から片道二時間かけて海田町に通い、自ら汗を流して建設工事を手伝った。こうして一九五三年、海田町の朝鮮中級学校が開校。同校は一九九六年に大竹町の「国語講習所」を前身とする広島朝鮮第一初級学校と統合し、広島市東区の広島朝鮮初中高級学校となった。

命がけで民族教育を守ろうとした弘善ら在日朝鮮人を助けたのは、北朝鮮政府だ。金日成は一九五七年、二回にかけて総額二億四〇〇〇万円の教育支援金を在日本朝鮮人総聯合会(朝鮮総連)を通じて送っている。こうした資金は一九八四年まで三五〇億円に上った。

韓国は何もしてくれなかったが、「祖国」は自分たちの窮状を救ってくれた――。この悲痛な祖国愛が在日朝鮮人社会、そして朝鮮学校で語り継がれた。母の戦いを見ながら育った弘善の次女貞琴は朝鮮学校に進み、後にその教師となる。こうして受け継がれてきた民族と「祖国」への強烈な思いが、大世の朝鮮のパスポートに凝縮されていた。

「人間ブルドーザー」

川崎フロンターレに入団した二〇〇六年、大世の応援会が発足。やがて彼のサポーターは、「人間ブルドーザー」と書いた横断幕で大世を応援するようになる。入団翌年に北朝鮮代表となった大世は、文字通りブルドーザーのように東アジアのサッカー史を塗り替えていった。

代表として初の試合は二〇〇七年六月、マカオでの東アジア選手権予選。大世はモンゴル、マカオ、香港を相手に八点を上げ、得点王に輝く。

そして二〇〇八年二月、中国重慶での同選手権決勝に出場。初日に対戦した日本代表、そして三日目の韓国代表との試合で、大世はそれぞれ一ゴールを決めて一対一の引き分けに持ち込んだ。だが三戦目の中国に二点のリードを許し、最下位に終わる。

賭けを許さず守りに徹するプレイスタイル、単調で刺激のない練習、荷物運びからユニフォームの洗濯まで代表選手が行うチーム運営――。Jリーガーでもある大世は、北朝鮮サッカーの実情に苛立って衝突もした。だが大世はW杯南アフリカ大会最終予選で、そんな葛藤を吹き飛ばす。

大世が戦ったグループBは韓国が一足先に決勝進出を決め、北朝鮮はイラン、サウジアラビア、UAE（アラブ首長国連邦）という中東の強豪とともに残り一枚の切符を奪い合った。北朝鮮は大世のアシストで勝ち点一二を上げ、サウジアラビアとの最終戦を引き分けで予選通過。「祖国」が四四年ぶりのW杯出場を決めた瞬間だった。

帰ってきた日本

二〇一〇年六月開幕のW杯南ア大会。北朝鮮は初戦でブラジルから一点を奪って注目を集めるが、三戦全敗でグループリーグ敗退に終わる。だが大世は同時に新しい道へ進み始めていた。大会直前に行ったギリシャとの練習試合で二ゴールを決めた彼は、ドイツのプロリーグ・ブンデスリーガ二部のＶｆＬボーフムから入団のオファーを受ける。大会前に移籍を決断した彼は、四年間過ごした川崎フロンターレを後にした。

ボーフムでは一年目から二五試合で一〇得点を上げ、二〇一二年一月には一部リーグのＦＣケルンへ移籍。だが出場機会が得られないままチームは低迷し、二部へ降格。憔悴した大世は二〇一三年一月、プレーの機会を求めて韓国Ｋリーグ一部の名門「水原三星ブルーウィングス」に移る。

一年目にチーム最多得点を記録する大活躍を見せるが、心ない中傷に苦しめられた。北＝敵国の体制を支持しているとして韓国の保守団体が国家保安法違反で告発、またネットでの暴言に熱狂する人々が北朝鮮選手という異質性に人格攻撃を浴びせたのだ。

やがて清水エスパルスから水原での年俸を大きく上回る額とともにオファーを受けた大世は、日本をキャリアの総決算の舞台と決める。こうして二年半を過ごした韓国を離れ、妻子をともなって日本へ戻った。シーズン途中で参加した清水エスパルスは開幕から成績が低迷、その後クラブ史上初のＪ２降格を喫する。しかし二〇一六年は二六得点でＪ２得点王、一〇アシストを決めてＪ１昇格の立役者となった。そして二〇一七年からはキャプテンとしてチームを率いる。

指導者への転身を、引退後の進路に定めつつある大世。だがそれまでは、自分の血を引く子供たちにできるだけ長く選手としての姿を見せようと努めている。

第三章◉ 戦いと蹉跌

二つの祖国

徐勝《ソスン》

一九四五〜
京都府北桑田郡（現京都市右京区）出身　二世

「地上の楽園」とスパイ

北朝鮮の飢餓が最も深刻だった一九九五年から一九九八年にかけて、推定二〇〇万〜三〇〇万人が餓死または栄養失調による病気で死んだ。三〇〇万という数字は、一九九八年時点で北朝鮮総人口の一三・四%に相当する。北の惨状は、その後も途切れなく伝えられてきた。

かつて日本のメディアで「地上の楽園」と称賛されていた北朝鮮。その悲惨な実態を最初に告発したのは、関貴星《せききせい》が一九六二年に出した手記『楽園の夢破れて』（亜紀書房）だ。関が日本国籍を取得する以前の名前は、呉貴星《オグィソン》。在日本朝鮮人総聯合会（朝鮮総連）の元幹部であり、二〇一二年に他界した在日韓国人考古学者、李進熙《イジニ》の義父にあたる。一九五七年と一九六〇年に訪朝した関は、二度目の帰国後すぐ娘婿の李を呼んで北の惨状を暴露した。だが「キツネにつままれたよう」だったという李は帰国事業を擁護して反発し、義父と喧嘩別れしてしまう。

二度目の訪朝時に関と同行した一人が、日本人の寺尾五郎。北朝鮮を楽園のように称賛し、多くの在日朝鮮人に帰国を決意させた『38度線の北』（新日本出版社）の著者だ。関によると寺尾は列車内で帰国した青年らに取り囲まれ、お前のせいで人生を棒に振ったと責められたという。

政治学者の尹健次《ユンコンチャ》によると、『楽園の夢破れて』の警告は朝鮮総連の組織力と帰国熱にかき消された。李が義父を訪ねて誤ちを詫びたのは、関の手記刊行から一〇年後の一九七二年。久しぶりに見る義父は告発のせいで在日社会から排斥されたためか、別人のように老けこんでいたそうだ。

同じ年の一一月、在日韓国人の徐勝《ソスン》は韓国のソウル高等裁判所での控訴審で最終陳述を行っていた。罪状は、反共法及び国家保安法違反。一審の判決は死刑だ。

北朝鮮の指令で留学生を偽装し、ソウル大学大学院へ入学。地下組織を作って反政府デモを煽動する一方、朴正熙《パクチョンヒ》大統領の政敵、金大中《キムデジュン》の選挙参謀に北からの資金を供給した――。これが北朝鮮のスパイとして捕まった勝の起訴容疑だ。勝はこれを否認するとともに、控訴審の最終陳述で次のように述べた。在日は「自己の民族にたいする自負心を持ち得」ないため、自分は「積極的民族意識」を追求してきた。そのために「韓国へ留学して来たし、以北（北朝鮮）に行って来た事実もあった」（徐勝著『獄中19年』岩波書店）。この陳述は、朴政権の独裁と民族の分断に関する考えを明らかする意図があったという。一方でまた、北へ渡ったのは「積極的民族意識」のためで他意はなかったという主張も伝わってくる。

徐兄弟は兄の勝だけでなく、弟の俊植も北へ渡っていた。勝が最初に北朝鮮を訪れたのは、一九六七年八月から九月にかけてとされる。一九七〇年にも、弟の俊植と再び三八度線を越えた。韓国籍の彼らが北へ渡るには、工作船などによる密航しか手段がなかったはずだ。

勝は一二月に無期懲役を宣告され、翌一九七三年三月の上告棄却で刑が確定。一九九〇年の仮釈放まで、一九年を韓国の獄中で暮らした。同じ容疑で起訴されていた弟の徐俊植《ソジュンシク》は、一九七二年五月に懲役七年が確定。だが刑期満了後も思想転向を拒否したため、一九八八年まで収監された。

迂回浸透戦術

朝鮮戦争の休戦後、日韓政府間の事業として在日韓国人の韓国留学が始まる。一九六五年の国交正常化後は、韓国政府の「在日僑胞母国留学生制度」に受け継がれた。そしてほどなく、在日韓国人の留学生が北朝鮮のスパイとして韓国当局に摘発される事件が相次ぐようになる。

その契機は、一九六九年四月に北朝鮮で対南工作の方針が変わったことだ。北がそれまで行ってきたのは、南に武装工作隊を派遣してゲリラ戦を展開する戦略。一九六八年一月の青瓦台（大統領官邸）襲撃未遂事件が代表例だ。だがこの失敗を経た一九六九年四月、対南工作部門の責任者が軍部強硬派の許鳳学《ホボンハク》から金仲麟《キムジュンリン》に代わったと見られている。

金仲麟はゲリラ戦よりも政治工作を重視し、北朝鮮の対南工作は「迂回浸透戦術」に転換した。つまり第三国から留学生や駐在員として工作員を韓国に送り込み、反政府デモの煽動や政界要人の抱き込みなどを通じて政権を転覆させる戦略だ。その最大の迂回地は、いうまでもなく日本。そして朝鮮総連系の在日朝鮮人だけでなく、留学に欠かせない韓国籍を持つ在日本大韓民国居留民団（民団）系の在日韓国人も工作員として組織化されていった。

李恢成《イフェソン》によれば、日本の高校を出た民団系の若者ほど組織によく抱き込まれたという。日本社会で孤立しがちだった民団系の若者は、温かい同胞の態度に感化されやすかったようだ。また元朝鮮総連幹部の韓光《ハングァン》熙《ヒ》は、「生真面目で思い詰めやすいタイプ」がオルグの対象に適していたとしている。彼らは革命や統一といった純粋な理想に目覚め、一部が工作へと駆り立てられていった。

奉公先から逃げ帰った母

徐兄弟の父、徐承春《ソスンチュン》は一九二二年生まれ。出生地は母呉己順《オギスン》と同じ忠清北道《チュンチョンブクト》公州郡《コンジュグン》（現公州市《コンジュシ》）だ。己順の生年は諸説あるが、本人によれば承春と同じだという。二人はやはり同じ一九二八年、父母らにともなわれて京都へ渡った。

大多数の在日朝鮮人一世と同じく、二人の親も日本人より賃金の安い労働者として最底辺の労働市場に組み込まれた。承春の父は京都〜大阪間を走る阪急電車の敷設工事人夫、己順の父は牧場の下働きだ。

兄弟の祖父母は、日本の敗戦とともに半島へ帰った。だが幼少期から成年期までを日本で過ごした両親は、京都を生活の拠点とする。承春は繊維商品の商いから紡績業を営んで生計を立てた。己順は幼い頃から、日本人の家で子守などの下働きをしていた。働き者の己順はよくかわいがられ、「お嫁さんに行かしてあげる」と言われることもあったという。だが幼い己順はこの異国に同化することを本能的に恐れ、奉公先で日本人からよくされるたびに逃げ帰ったそうだ。

己順のこうした民族的な自意識は、子供らにも影響を与えたらしい。夫婦は長兄が生まれた一九四一年から一九五五年にかけて、四男一女をもうけている。勝が生まれたのは一九四五年、俊植は一九四八年だ。己順は子供らに、学校でも朝鮮人として胸を張って生きるよう教えた。子供らの特に堂々とした態度を見て、どんな家庭教育をしているのかと教師が不審がったこともあるという。だが己順は二人が投獄された後、「それが良かったんか悪かったんか……」とも漏らした。

一九六五年の国交正常化後、兄弟は韓国留学を志望する。東京教育大学の学生だった勝は休みを利用していち早く渡韓し、韓国各地を回ったという。京都府立桂高校の生徒だった弟の俊植は、一九六七年の卒業と同時にソウル大学法学部へ進学。勝も一九六八年の大学卒業を経て渡韓し、翌年にソウル大学文理科大学院へ進む。

俊植はそのまま韓国に永住する計画を立て、両親にも一緒に暮らすよう勧めたという。だが南が北より貧しかった当時、日本育ちの己順が韓国で大変な苦労をするのは明らかだった。己順はたびたび韓国のことを悪く言い、俊植を怒らせたそうだ。己順は自分が「あんなとこでよう暮らさん」

と言った時、俊植が特に腹を立てたと振り返っている。

学園間諜浸透事件

一九六九年一一月、三期目の朴正熙政権は憲法改正で大統領の任期上限を三期に延長。そして一九七一年四月二七日、朴は第七代大統領選挙に臨む。一方、韓国の大学では朴の三選阻止を訴える学生のデモが広がっていた。

徐兄弟の逮捕を含む「学園間諜浸透事件」が大々的に報じられたのは、選挙を間近に控えた一九七一年四月二〇日のことだ。同日付の現地紙『東亜日報』は、「僑胞大学生四綱スパイ一〇名検挙」の見出しで詳細を報じた。要約すると次の通りだ。

陸軍保安司令部は同月一七日、在日韓国人留学生四名を含む北のスパイ一〇名、またこれを中心とするスパイ網四つの関係者四一名をソウル、釜山《プサン》、済州《チェジュ》など各地で一斉に摘発したと発表した。このスパイ団五一名は北朝鮮の対南工作総責任者、金仲麟の指令により、反政府運動を煽動して武装蜂起へ誘導するよう画策。さらに施設爆破、要人暗殺などの任務も負っていた。保安司令部はまた乱数表四組、金日成《キムイルソン》肉声録音テープ、工作資金三五〇万ウォン、爆発物製造マニュアルなども押収したと発表。スパイ網四つのうち二つは、在日韓国人留学生二名をそれぞれ中心とした高麗《コリョ》大学内の二グループ計一五名。後の二つは労働者を組織した一五名のグループ、そして徐兄弟がソウル大学を拠点に組織した二一人のグループだ。勝は在日工作指導員の長兄に抱き込まれ、一九六七年八月に「入北」、つまり北へ渡った。そしてスパイ教育を受けた後、留学生を偽装してソウル大学に潜入。一九七〇年にも弟を連れて再び入北し、特殊工作教育を受けた。二名は学生デモ及び民衆蜂起の扇動を企図する一方、政治家や知識人層の抱き込み工作も追加指示されていた――。

韓国国防部によると、一九七〇～八〇年代に起きた北朝鮮スパイ事件は九六六件。そのうち三一九件が、在日韓国人または日本に関連しているという。徐兄弟の事件以後も、在日韓国人留学生がスパイ容疑で摘発される例が相次いだ。特に大きかったのが、一九七五年一一月の「母国留学生間諜事件」。在日韓国人留学生二一人、韓国人大学生ら九人が逮捕され、全員が有罪となった。

捏造された事件

金正日《キムジョンイル》朝鮮労働党総書記（当時）は二〇〇〇年の「六・一五南北共同宣言」で、「南派間諜」つまり北が南へ送り込んだスパイの存在を認めた。また二〇〇七年の韓国政府発表によると、一九五一年から一九九六年の間に摘発された「南派間諜」は四四九五人に上る。

このように北朝鮮が日本などを経由して南へ工作員を送っていた事実は、当事者の証言からも裏づけられている。だが問題は、韓国での摘発がまた無数の冤罪を含んでいることだ。

北の対南工作が手の込んだ迂回浸透戦術に転換したことで、結果的に「南派間諜」の総数が減った。そのため軍の保安司令部や中央情報部などの捜査当局は実績を上げられず、スパイ事件の捏造を始めたともいわれている。もちろん軍事独裁体制での取り調べは、不当拘禁や拷問もあたり前だった。したがって徐兄弟の逮捕を伝える『東亜日報』の記事も、事件を捜査した保安司令部の一方的な発表にすぎない。

韓国の最高裁判所は二〇〇五年九月、一九七二〜八七年の公安関連事件約三四〇〇件について判決の精査を開始。二〇〇七年一月にその結果が公表され、二二四の判決が再審の必要ありと認定された。そのうち一四一件がスパイ事件だ。

在日韓国人の留学生や駐在員らがスパイに仕立て上げられた事件も、真相が解明されつつある。右の二二四件のうち、在日韓国人が関わったとされるのは六八件。二〇〇〇年代末から再審請求が盛んになり、故人も含めてかつて投獄されたスパイ犯に無罪判決と国家賠償命令が続々と下されている。右の「母国留学生間諜事件」でも、すでに多くが再審で無罪となった。

二〇一三年一月には、徐兄弟と同じ一九七一年に逮捕された元在日韓国人留学生具末模《クマルモ》の無罪が確定している。逮捕時に国民大学講師だった具も、やはり大学教授や政治家の抱き込み工作などを行った容疑で捕まった。具は過酷な取り調べの末に容疑を認め、一九七二年の控訴審で懲役一五年が確定。一〇年間の服役を経て、一九八一年に特赦で仮釈放された。

具も一九七〇年七月に北朝鮮へ密航している。ただし目的は、帰国した姉との面会や論文執筆の資料集めだったという。七日間の滞在は、祖国に対する失望の連続だったそうだ。

元朝鮮総連幹部の韓光煕は、北の工作船が接岸する拠点を日本全国に三八カ所作ったと証言した。この工作船で北朝鮮へ密航した体験を語る在日は少なくない。

なかには実際に北で工作員としての訓練を受けたという知識人もいる。北へ渡ると数週間から一カ月ほど、周囲から隔絶された環境に置かれた。そこで自動小銃、手榴弾、乱数表の扱い、また金日成の偉大さなどを教えられたという。だが工作員としての訓練は真似ごと程度にすぎず、実戦で役立つ水準ではなかったそうだ。

尹健次《ユンコンチャ》は著書『在日の精神史3』（岩波書店）で、次のように述べている。「（在日は韓国社会において）存在自体がすでに異質であり、言葉も満足に通じず、学生運動の『背後操縦』『スパイ活動』などは（中略）事実上、無理だと考えるほうが正しい」。

予防拘禁と思想転向制度

勝が逮捕されたのは一九七一年三月六日、俊植は同年三月一六日。いずれも日本で冬休みを過ごした後、ソウルの金浦《キムポ》空港へ降り立ったところを拘束された。逮捕時の年齢は勝二六歳、俊植二一歳だ。逮捕から四月二〇日の発表まで間が空いた背景には、四月二七日の大統領選を与党有利に運びたい当局の意図がうかがえる。

己順はすぐ駆けつけたが面会できず、「勝が焼け死んだ」という噂を耳にしただけで引き返した。後に生きていることが分かったが、己順は同年七月の初公判で気を失いかけたという。全身の四五％に及ぶ重度の火傷を負った勝は、顔が惨たらしく焼けただれていたからだ。

逮捕が報じられた直後、勝は取調室で焼身自殺を図っていた。尋問官の目を盗み、ストーブの灯油を被ったのだ。勝によると彼はその二日前から、共産主義者から転向したという尋問官の激しい拷問を受けていた。勝はこれに耐える自信が持てず、当局のでっち上げた「筋書き」を認めてしまうかも知れないと恐怖したという。勝はそれによって「民衆の軍事政権打倒と未来への希望がつい え去ってしまう」と危惧し、自殺に及んだと述べている。

治安維持法、予防拘禁、思想転向制度といったかつての日本の諸制度は、韓国で一部が形を変えて生き続けてきた。徐兄弟が違反したとされる国家保安法は、「反国家活動」を禁じる法律だ。政権の転覆などを画策する「反国家団体」を主導した者は、死刑または無期懲役が科される。

また政治犯は獄中で繰り返し思想転向を強要された。拒否すると刑務所内での行動が制限され、減刑、仮釈放、赦免の対象から外された。さらに一九七五年制定の社会安全法により、政治犯に対する予防拘禁制度が成立。懲役刑が満期を迎えても「遵法誓約書」に署名しなければ、懲役に等しい保安監護などの処分が下された。この保安監護は二年ごとに更新され、期間の上限はない。

思想転向を拒否して服役し続ける囚人を、「非転向長期囚」という。朝鮮戦争前後のパルチザン及び人民軍捕虜、戦後に北から潜入した「南派工作員」、韓国の左翼活動家、第三国経由で入国した在外韓国人工作員、そして捏造スパイ事件の被害者などがそこに含まれる。

これまで非転向長期囚に数えられたのは一〇二人。民主化が進んだ一九八〇年代後半から釈放されるようになり、一九九九年に最後の二人が恩赦で釈放された。この二人のうち一人が、日本人拉致事件に関わった辛光洙《シングァンス》だ。

二〇〇〇年には、六三人の元非転向長期囚が北朝鮮へ送還された。社会安全法は一九八九年、より緩和された保安観察法に移行。思想転向制度も別の制度に移行した後、二〇〇三年に廃止された。

「良心」と代償

徐兄弟も釈放まで転向を拒否し続けた。「この私の苦痛・不自由は、民族のそれと一致一体のものとなっており、民族が苦痛・不幸・不自由から救われた時、私もそれから解放されるでしょう」「私は転向しなかった。何故なら自分と兄だけの問題ではなく、これは全体の問題だからです」（徐京《ソギョン》植《シク》『徐兄弟 獄中からの手紙』岩波書店）。前者は勝が、後者は俊植がそれぞれ面会で語った言葉だ。俊植は七年の刑期満了後も「遵法誓約書」の署名を拒み、さらに一〇年を獄中で過ごした。

徐兄弟の拘禁や拷問が伝えられると、日本では左翼系知識人を中心に支援団体が次々と立ち上げられた。メディアは韓国の軍事独裁体制への批判を強め、徐兄弟は思想・良心の自由のために獄中で戦う「良心の囚人」と紹介された。各界の著名人も、こぞって支援の署名に参加している。

母己順は六〇回以上渡韓して面会を続けた末、一九八〇年に子宮癌で他界。五九歳の若さだった。父承春も直腸癌の手術を経て、一九八三年に亡くなっている。

仮釈放された勝は日本をはじめ欧米での講演活動を経て、立命館大学コリア研究センター長、同大学法学部教授などを歴任。二〇一六年に韓国誌のインタビューで再審請求の意思を問われた勝は、怒りを露わにしてこう言ったという。「（自分に）有罪判決を下した国家保安法がいまも存在することの社会の判事に、有罪か無罪かの判決をまた請い求めなくてはいけないのか」。
徐兄弟が文字通りの「良心囚」だったという言説を、疑問視する論者もいる。例えば尹健次はかつての在日のスパイ事件を取り上げた叙述のなかで、次のように述べた。「在日知識人の多くは、当時社会主義を信奉し、北を支持し、祖国の統一を願った」「（韓国籍学生の）活動家なども少なからず、北に共感を寄せる言動をした。そこに必然的に北の前衛党につながる地下組織も絡んでいた」（『在日の精神史3』）。

二つの祖国の統一をどのように願うかは、思想・良心の自由の範疇だ。いずれにせよ、そのためにとてつもない代償を支払ったことが徐兄弟の生き様となった。

南では二代九年続いた保守政権が史上初の大統領弾劾、罷免で二〇一七年に倒れ、文在寅《ムンジェイン》政権が発足した。文大統領は、一九七五年に反政府デモで有罪判決を受けた経歴の持ち主だ。また任鍾《イムジョン》晳《ソク》大統領秘書室長をはじめ、国家保安法違反で摘発を受けた元活動家らも政権中枢に配置されている。この文政権下で南北が急接近し、改めて統一という言葉も囁かれるようになった。半島の分断は無数の人生を飲み込みながら、また新しい歴史を綴ろうとしている。

「民族系金融」の蹉跌と遺産

李《イ》熙《ヒ》健《ゴン》

実業家　一九一七〜二〇一一
慶尚北道慶山郡（現慶山市）出身　一世

故郷に錦を飾った実業家

駐日韓国大使館庁舎一階の片隅に、一つの胸像が置かれている。象っているのは在日韓国人事業家、徐甲虎《ソガッポ》。一九六二年に麻布の一等地にある韓国大使館の敷地約三〇〇〇坪を寄贈した人物だ。

徐は一九一五年、慶尚南道蔚州郡三南面《キョンサンナムドウルジュグンサムナムミョン》（現蔚山市《ウルサンシ》）に生まれた。一九二八年に一四歳で渡日。大阪の商家で機織りを習得した後、飴売り、廃品回収など無数の仕事を転々とする。戦後に軍需物資の売買でのし上がり、一九四八年に大阪で坂本紡績を設立。思い切った投資が朝鮮特需の波に乗り、日本の長者番付一〇位以内の常連にのし上がった。一九六一年には年商一〇〇億円を稼ぐ西日本最大の紡績王となり、坂本紡績は戦後日本を支えた一〇大紡績の一つに数えられた。

愛国心にあふれる徐は、自分の財産を祖国や在日同胞に捧げることにも熱心だった。麻布の土地を寄贈する七年前、大阪に韓国総領事館が建てられた時も二〇〇〇万円を寄付している。

解放後に政権を担った李承晩《イスンマン》大統領はアメリカの経済援助に依存し、産業育成に積極的ではなかった。李承晩の退陣を経て一九六一年の軍事クーデターで政権を握った朴正熙《パクチョンヒ》は、翌年から「開発独裁」と呼ばれた手法で工業立国を強力に推し進めていく。

だが当時の韓国は、まだ最貧国と呼ばれるほど窮乏していた。そうした時期、朴は徐に本国への投資を要請する。また徐のほうでも朴政権への資金援助を通じて、韓国進出の機会をうかがっていたようだ。徐は現地の紡績会社を買収し、一九六三年に坂本紡績の七五%出資で邦林《パンニム》紡績を設立。翌年には自社一〇〇%出資で潤成《ユンソン》紡績を興す。

徐の進出は、在日が華々しく故郷に錦を飾った最初の例となった。だがその顛末は、在日起業家の悲劇として記録されることになる。

出身を理由に融資が閉ざされた時代

日韓の国交がまだなかった一九六〇年、両国の財界人が集まって民間の経済交流を目指す日韓経済協会が発足した。その発起人の一人で設立時の副会長を務めたのが徐。そして韓国側理事の一人に名を連ねていたのが、李熙健《イヒゴン》だ。

李は日本及び韓国で自ら立ち上げた信用組合と銀行を急成長させ、「在日韓国人社会のドン」「在日韓国人の金融ゴッドファーザー」とまで呼ばれた。李が設立に奔走した「信用組合大阪興銀」、後の「信用組合関西興銀」は、在日系で最大手の金融機関に発展している。

関西興銀のように在日韓国・朝鮮人が同胞のために設立、運営する金融機関を、民族系金融機関と呼ぶ。李の足跡を辿る前に、その成り立ちについて振り返っておこう。

日本が敗戦を迎えた時、日本国内にはさまざまな事業を営む朝鮮人が少なからずいた。その一部は一九四五年九月に在日朝鮮工業会を立ち上げ、「祖国の隆盛と発展」「帰国する工業家の援護、残留工業家の事業の確保、転換」をスローガンに掲げる。

一方、在日事業家の間では資金確保が問題に上っていた。日本の金融機関が在日朝鮮人への融資に消極的だったため、まとまった事業資金の用意に苦労を強いられていたからだ。在日事業家は止むなく高利貸し業者に頼るほかなく、商売の大きな足かせとなっていた。その背景には、日本政府が「三国人」に対する「融資禁止令」を出したという説もある。日本政府は一九五〇年の国会質疑などでこれを否定しているが、頑とした融資拒否の裏に何かしらの通達を疑う声は根強い。

こうして敗戦の翌年頃から、在日韓国・朝鮮人自身の手で民族系金融機関を設立する動きが始まった。一九四九年には在日韓国・朝鮮人の商工会が、東京での信用組合の設立嘆願書を大蔵省に提出。日本政府は当初「外国人の金融機関を許可した前例はない」と門前払いしたが、翌一九五〇年の国会質疑で「華僑の方だけの信用組合を認めて」いることが確認された。

南北が日本で金融機関設立を競い合う

こうした議論を経て認可の道が開かれたが、在日社会で新たな問題が持ち上がる。北を支持する左翼系の朝鮮人と南を支持する在日本大韓民国居留民団（民団）系の韓国人が、東京都でそれぞれ別個に信用組合の設立申請を届け出たのだ。

都は二つの申請を却下し、一本化すれば認可する意向を伝えた。左翼系と民団系の政治活動家らは暴力も辞さない抗争を繰り広げていたが、事業家らはビジネスを優先して一本化に合意。こうして一九五二年六月、「南北合作」の「同和信用組合」が営業を始めた。役員一五人の構成は、左翼系六人、民団系七人、日本人二人。初代組合長は、民団系の盧栄漢《ノヨンハン》が選ばれた。盧は日本の製粉会社社長、また韓国でソウル水産市場の運営会社社長などを務めた人物だ。

だがほどなく組合内部の対立が始まり、お互いが相手の決済した融資を却下するといった混乱が続いた。そして一九五三年、左翼系の役員らが民団系を更迭。追い出された民団系は、改めて独自の信用組合設立を目指す。信用組合を増やすよう方針転換した東京都は同年九月に申請を認め、「漢城信用組合」、後の「東京商銀信用組合」が設立された。

左翼系の経営となった同和信用組合は、後に「朝銀東京信用組合」と改称。こうして左翼系、後の在日本朝鮮人総聯合会（朝鮮総連）系の「朝銀」、そして民団系の「商銀」が、新たな信用組合設立を通じた勢力争いを日本全国で繰り広げていった。

ヤミ市をまとめ上げた青年

大阪は全在日韓国・朝鮮人の約三割が暮らす最大の集住地だ。当然その経済活動も活発であり、融資の需要も特に大きかった。

大阪で最初の民族系金融機関は、一九五三年に民団系が梅田で設立した「大阪商銀」。ただしこれは日本人との共同出資であり、民団系は一〇〇%民族系資本の金融機関設立を目指した。韓国政府が在日韓国人の中小企業育成のため提供する融資の受け皿が必要だったからだ。朝銀の申請と重なったこともあって認可まで時間を要したが、ようやく一九五五年一一月に大阪興銀が鶴橋で設立された。そして鶴橋への大阪興銀誘致に奔走したのが、同地区の商店街を束ねていた李熙健だ。

李は一九一七年、慶尚北《キョンサンプク》道《ト》慶山郡《キョンサングン》（現慶山《キョンサン》市《シ》）の貧しい農家に生まれる。一九三二年、一五歳の時に働き口を求めて単身渡日。肉体労働、自転車修理、工場労働などを転々とした。やがて戦後を迎え、李はその頭角を現し始める。舞台は現在も日本最大のコリアンタウンといわれる鶴橋だ。

戦争とともに日本政府が始めた統制経済は物資不足で破綻状態に陥り、戦後は都市部で餓死者が出る有様だった。そんななかで生活必需品の流通を支えたのが、人々が売れそうな物を何でも持ち寄って売り買いするヤミ市だ。一時的に「解放人民」として法規制の枠外に置かれた在日朝鮮人たちは、その立場も利用してさまざまな物資を仕入れては売りさばいた。

大規模な建物疎開で広大な空き地となっていた鶴橋駅周辺は、戦後すぐ国内有数の規模のヤミ市に様変わりする。鶴橋のヤミ市はとりわけ朝鮮人、台湾人、中国人が多かったことから、「鶴橋国際マーケット」と呼ばれるようになった。

李がそこで売っていたのは、ゴム製のチューブだ。鶴橋を含む当時の猪飼野近郊には零細のゴム工場が無数にあり、危険をともなう製造現場で低賃金の朝鮮人が多く働いていた。当時はリヤカーと自転車が庶民の物流を支えたが、道路事情が悪いためタイヤはすぐパンクした。そのためいつも品不足のチューブは、飛ぶように売れたという。

李にはまた子分を従えて賭場を開き、高利貸しでヤミ市を牛耳る親分という顔もあった。露天商たちの商売を仕切って運転資金まで貸しつけた李は、三〇歳にもならない頃から鶴橋のヤミ市で大きな影響力を振るったといわれている。

だが一九四六年八月、大阪府は鶴橋を含む府内のヤミ市の一斉封鎖を試みる。これに対して右往左往する鶴橋のヤミ商人たちを団結させ、警察やＧＨＱとの交渉に奔走したのが当時二九歳の李だ。李の尽力で翌一九四七年三月、鶴橋のヤミ市は「鶴橋国際商店街連盟」という合法的な市場に生まれ変わった。李は以後一四年にわたり、その会長を務めている。

代表理事として独自の営業活動を展開

一九五六年五月、李は大阪興銀の代表理事に就任。直後から猛烈な勢いで預金獲得に乗り出す。大阪にはすでに民団系の大阪商銀があったが、一九五五年には朝鮮総連系の「朝銀大阪信用組合」

も設立された。民団系の在日が朝銀の融資を受けることもしばしばあり、商銀側はこれに危機感を抱いていた。政治に興味のない在日は、南でも北でも融資してくれるほうになびくからだ。

そうしたなか後発で規模も小さい大阪興銀が市場を広げるには、どうすればいいか――。李はまず、自分の資産を担保に資金を調達。そして外交員にエリア内の在日の家をしらみつぶしに回らせ、利息を先払いするという手段で預金を獲得していった。こうして大阪興銀は、初年度から高い預金高を達成。その後も続けて預金増強運動を繰り広げ、「商品くじ付き記念無記名定期預金」などユニークな金融商品も開発していく。一九六一年九月には大阪市生野区に生野支店を開設し、いっそうの拡大に向かって突き進んだ。

李はまたこれと並行して、韓国政界とのパイプも作っている。

二〇〇〇万ドルと言われた本国からの融資は、韓国側から一方的に先送りされていた。そこで本国融資の早期実現を促す陳情を率先して行い、ようやく一九六〇～六一年に二〇〇〇万ドル全額が送金された。李の大阪興銀は、このうち二〇％もの割りあてを受けている。財政の苦しい韓国政府が民団系の商銀を支援したのは、朝鮮総連系の朝銀への対抗を意識したのだろう。

設立当初の朝銀は、朝鮮総連及びその前身にあたる勢力と一定の距離を保っていた。共産主義者の指導層が、商工人をブルジョアジーとして見下していたからだ。だが朝銀の団体「在日本朝鮮信用組合協会」（朝信協）は一九五九年、朝鮮総連の傘下団体となる。民団を凌駕していた朝鮮総連の組織力は朝銀の躍進に大きく貢献し、信組数、組合員数、預金額ともに大きく伸ばしていった。

在日社会の資金需要をくまなく掘り起こす

大阪興銀が躍進した原動力の一つは、かつて二九歳でヤミ市をまとめ上げた李のリーダーシップとカリスマ性だ。李が厳しいノルマを課して預金増強の檄を飛ばすと、職員らは期待に応えようと必死で営業に駆けずり回った。

一九六六年年の総預金額は七一億八二〇〇億円。これに対して李は翌一九六七年一一月に、総預金額一〇〇億円の目標を掲げて全職員に発破をかけた。全支店総動員で運動が繰り広げられ、翌一九六八年三月に一〇七億円で目標を突破。こうして次々と高いハードルを突破しながら、大阪興銀は日本でも有数の信用組合に成長していく。

南北対立もバネにした積極的な営業活動は、在日コリアンの経済活動を活気づける結果をもたらした。地道な営業で潜在的な需要まで掘り起こし、事業資金をどんどん供給していったからだ。新規開拓には民団、また日本の県人会にあたる道民会の名簿が用いられたが、それだけでは目標に及ばない。そこで外交員は住宅の表札を見ながらエリア中を歩き、在日の日本名と思われる家に飛び込むという営業も行った。こうしてどの団体とも関わっていない在日、またそこにつながる新たなネットワークが可視化され、営業活動の対象に加えられていった。

また七〇年代からは、在日の手がけるさまざまな事業を職員自ら体験する取り組みも導入している。パチンコ、焼肉、人夫出し、製造業などの事業所で働かせてもらい、ビジネスのノウハウを自ら体得するわけだ。職員らはこの体験を通じて、例えば儲かるパチンコ店とそうでないパチンコ店の違いが分かるようになる。こうして各事業のノウハウに精通した職員が「この店は成功する」と確信すれば、無担保でも融資が行われた。

徐甲虎が見舞われた悲劇

一九六五年の日韓国交正常化以後、在日企業家らの韓国進出が本格化する。成功した在日企業家らは、祖国への投資に意欲的だった。ビジネスを通じてまだ貧しい祖国の発展を助けるのは、彼らに共通する悲願だったからだ。もちろん李も例外ではなかった。

だが韓国に進出した在日企業家らはやがて、それがさまざまな障壁に阻まれていることを知る。まず軍事政権下の経営環境は想像以上に日本と異なり、韓国政府の政策に対する分析も不十分だった。特に通関業務、外貨送金、許認可などでトラブルに見舞われたという。また国有化された銀行は官僚組織化していた上、在日企業には国内企業より厳しい融資条件を課した。そのため現地での資金調達が期待できず、日本から現金をポケットに詰め込んで渡韓することもあったという。

さらに在日韓国人に対する冷たい視線も待ち受けていた。自分たちが地獄のような戦争と貧困に苛まれている間、豊かな日本で大金持ちになった在日同胞――。人々のこうした暗い反感が、さまざまな形で在日企業家の足を引っ張ったのだ。

韓国で二つの紡績会社を手がけた徐甲虎《ソガッポ》も、同じ障害に直面していた。また繊維業界は一九七〇年代に入って構造的な不況に見舞われ、日本の阪本紡績も業績が悪化。徐はボウリング場などレジャー産業にも積極的に投資していたが、これも一九七三年のオイルショック、ボウリングブームの終焉などで経営の重荷となった。

そして一九七四年一月、徐が経営する慶尚北道善山郡《ソンサングン》亀尾邑《クミウプ》（現亀尾市《クミシ》）の潤成《ユンソン》紡績で火災が発生。当時の韓国で最大規模、国内紡績施設の四五％に相当するといわれた工場が全焼してしまう。徐は対韓投資の一時引き上げや再建資金の融資などで韓国政府に支援を求めたが、反応は冷たかった。韓国側は、政府の融資や火災保険金が日本での事業立て直しに使われることを警戒していたともいわれている。さらに同年八月にはソウル市近郊の城南市《ソンナムシ》で、やはり徐が経営する邦林《パンニム》紡績の工場がまた火災に見舞われた。

二度目の火災の翌月、一九七四年九月に阪本紡績は倒産。六四〇億円もの負債総額は、日本で戦後最大規模となった。徐はその後も韓国で二つの紡績会社の経営に努めたが、心臓を病んだという。そして一九七六年一一月、ソウル市の自宅で六三歳の生涯を閉じた。

念願の銀行を祖国で立ち上げる

李と徐は、互いの長男と長女が婚姻関係にある間柄だった。身近な徐の挫折は、李にとって特に大きな教訓となったらしい。

ほかにも一九六三年に経営破綻したセナラ自動車など、在日企業家の進出が失敗に終わる例は多かった。そのため在日企業家らの間で、対韓投資の円滑化、また現地での金融機関設立に向けた動きが広がっていく。

一九七七年に「在日本韓国人本国投資協会」が設立され、初代会長に李が就任。李は朴正煕大統領と面会し、在日の金融機関を立ち上げる意義を力説する。朴は銀行設立について首を縦に振らなかったが、代わりに短期の融資を仲介する短資会社の設立を認めた。こうして一九七七年、「第一投資金融」が発足。代表理事に就いた李は、これも短期間で成長の軌道へ乗せた。

念願だった銀行設立に道が開けたのは一九八〇年、全斗煥《チョンドゥファン》政権が発足してからだ。金融の「国際化・大型化・自立化」を掲げる全は、半官半民だった銀行の民営化と外資系銀行の導入を宣言。そこで在日企業家らが団結して全政権に銀行設立を請願すると、肯定的な回答が得られた。これを受けて設立委員会が発足し、在日企業家による銀行設立の準備が具体的に進められていく。

李は大阪興銀のノウハウだけで銀行経営は難しいと判断し、職員五人を大和銀行（当時）で研修にあたらせている。また同行の主管職、管理職の諮問を得つつ、そのシステム導入についても準備を進めた。人材面では、韓国の金融業界から破格の待遇で優秀な社員を集めている。

こうして一九八二年七月、一〇〇％在日韓国人出資の「新韓《シナン》銀行」が誕生した。

同行は韓国初の純粋な民間銀行でもある。前述の通り当時の他行は政府の保護下で官僚組織化し、サービスはおろか効率性の追求にも消極的だった。日本のように職員が頭を下げて顧客に挨拶すること自体、当時の韓国では考えられなかったことだ。そうした環境で李は大阪興銀を躍進させたのと同じ、徹底した顧客中心主義の営業を繰り広げる。業務ごとにカウンターを分けて顧客対応を効率化する工夫も、新韓銀行が初めて韓国に持ち込んだ。

新韓銀行はまた、それまで銀行から冷遇されていた中小企業や個人事業者を積極的に取り込んだ。職員たちは大量の小銭を持ってソウル市内の大規模市場を歩き回り、業者の両替を手伝いながら口座開設を勧めた。こうして設立に必要な資本金の最小額二五〇億ウォンでスタートした新韓銀行は、一九八六年に預金一兆ウォン、さらに一九九一年に同五兆ウォンと順調に拡大。同年には当期純利益一一五六億ウォンを稼ぎ、韓国銀行業界でトップに躍り出た。

朝銀の破綻と朝鮮総連の弱体化

李が大阪興銀の代表理事となった一九五六年、北朝鮮の韓国に対する経済的優位は歴然としていた。同年の石炭生産は韓国の五倍超、また発電能力が五倍、鉄鋼生産高は三倍だ。

だが六〇年代に入って年一〇%を超える高い成長率で発展した韓国経済と対照的に、北朝鮮経済は発展のレールから転げ落ちる。貿易に頼らず全ての産業を国内だけで完結させる「自力更正」、また絶対的指導者の権威を説く「主体思想」がその主な要因だ。いずれも金日成《キムイルソン》の世襲体制を維持するための方策であり、経済原則や効率性は二の次だった。

七〇年代に入って韓国の台頭に慌てた北朝鮮は日欧から融資を受けて工業化に投資し、地下資源の輸出で返済する方針に転換する。だがほどなくオイルショックにともなう資源価格の暴落で返済不能に陥り、海外からの融資で資金調達する道も絶たれた。そこで窮乏した北朝鮮が目をつけたのが、在日朝鮮人の財産だ。北朝鮮指導層の感覚では、在日朝鮮人の財産が全て北朝鮮国家のために差し出されるのはむしろ当然だった。来日したある朝鮮労働党幹部は朝銀の大金庫を開けさせ、目の前の札束を祖国に献金しろと言い放ったという。

朝銀は役員の人事権を通じて朝鮮総連に支配されていたが、それでも八〇年代後半までは同胞を支える金融機関として発展していた。だが日を追うごとに窮乏する北朝鮮は一九八六年、朝鮮総連に対して経済的に自立した組織になれという金正日《キムジョンイル》の「お言葉」を伝える。つまり朝鮮総連が自ら金儲けを行って献金せよという天の声だ。これを受けて同年に朝鮮総連の中央委員会財政担当副議長となった許宗萬《ホジョンマン》は、パチンコ経営、そして地上げによる不動産開発に乗り出した。

許宗萬は一九三五年、慶尚南道《キョンサンナムド》固城郡《コソングン》に生まれた。一九五五年に朝鮮総連が結成された際、神奈川県委員長を務めたという。副議長となった後は朝鮮労働党の工作機関の権威を背景に、朝鮮総連を我が物のように動かして資金作りに奔走。人事権を盾に朝銀から過剰な額の融資を引き出し、湯水のように注ぎ込んだ。

数年はバブル経済に乗って利益を出したが、それが崩壊するともう後の祭りだ。一九九七年の朝銀大阪を皮切りに、二〇〇一年までに全部で三八あった朝銀のうち計一六が破綻に追い込まれた。その救済として、日本政府から約一兆四〇〇〇億円の公的資金が投入されたこともよく知られている。朝銀は代わりに日本人理事長を受け入れて朝鮮総連と一切の関係を絶ち、公的資金を償還し終えるまで日本政府の監督下に置かれることになった。

一連の事態を招いた許はその後も責任追及を逃れ、二〇一二年には朝鮮総連議長に就任。だが朝銀の資金を絶たれた朝鮮総連は、職員の給料さえ遅配するようになる。こうして朝鮮総連は多くの在日朝鮮人から見放され、自ら弱体化していった。

バブル崩壊でついえた夢

民団系の商銀も、多くがバブル崩壊を乗り越えられなかった。朝銀の流れを引く信用組合のうち、破綻、統合を経て現存するのは七つ。一方、最盛期に三九を数えた民団系の商銀は破綻処理などを経て、現在四つに統合されている。

バブルと平成不況の分水嶺となった一九九〇年、大阪興銀は民族系金融機関として初めて預金総額が一兆円に達した。やがてバブルが崩壊すると、大阪興銀は拡大路線に転換。一九九三年から一九九五年にかけて、神戸、滋賀、和歌山、奈良の民団系信用組合を吸収合併した。同時に社名を大阪興銀から関西興銀に改めている。だがこの拡大は同時に、経営難に陥っていた各商銀の不良債権を抱え込む結果になった。

李熙健の生涯を詳述している大阪市立大学教授朴一《パクイル》の『在日マネー戦争』(講談社)によると、大阪興銀も多くの金融機関と同様に金融当局から合併、統合を促されていたようだ。一方で李には自分が立ち上げて育てた新韓銀行と大阪興銀を合併させ、日韓にまたがる国際金融機関を作るという悲願があった。それにはまず大阪興銀を普通銀行に転換する必要があり、金融当局からその条件として提示されたのが規模拡大だったという。

一九九八年、大阪商銀が破綻。これを受けて、商銀の統合によりその受け皿となる新銀行を設立する動きが広がった。やがて統合の主導権を巡り、李を中心とする関西勢と東京商銀を中心とする関東勢が対立を始める。両者は互いに歩み寄らず、それぞれ独自に新銀行設立の準備を進めた。

だが二〇〇〇年一二月、東西で受け皿を名乗り出ていた東京商銀と関西興銀がそれぞれ破綻。新銀行設立の提案は翌年になってマルハン会長の韓昌祐《ハンチャンウ》にも持ち込まれたが、実現することはなかった。こうして東京商銀は二〇〇二年に「あすか信用組合」、大阪商銀と関西興銀は二〇〇一〜二〇〇二年に「近畿産業信用組合」に事業譲渡される。近畿産業の会長は、エムケイタクシー創業者の青木定雄。一九二八年に慶尚南道南海《ナメグン》郡で生まれた彼は、兪奉植《ユボンシク》という名でも知られている。

苦い蹉跌の末に残したもの

破綻した東京商銀の債務超過額は、二〇〇〇年六月末時点で一九三億円。関西興銀は同じく五一〇億円。いずれもバブル期の過剰融資が焦げついた結果だ。『在日マネー〜』によると、李は関西興銀の破綻を防ごうと韓国政府に支援を要請していたという。だが四半世紀前の徐甲虎と同じく、本国から救いの手が差し伸べられることはなかった。

関西興銀破綻を受け、李は二〇〇〇年一二月に関西興銀の会長を辞任。翌年一月に背任容疑で逮捕され、後に有罪判決を受けている。逮捕のきっかけは、ゴルフ場を経営するコマ開発への不正融資だ。李が自ら会長を務めた同社は、一九八〇年に奈良県でゴルフ場「コマカントリークラブ」を開業している。二七ホールを擁する同クラブは、プロゴルフ選手権も行われる本格的なゴルフ場だ。

李を含む多くの在日韓国・朝鮮人の財界人は、日本のゴルフ場にある共通した感情を抱いていた。どれだけ社会的地位が高くても、半島に由来する名前では入会を断られたからだ。李にとっても自分の手で一流のゴルフ場を完成させるのは、長年の悲願だったのだろう。だがその経営を支えるための強引な融資が、最後に命取りとなった。

李の手からは離れたが、コマカントリークラブは現在もコマ開発による運営が続いている。二〇一一年三月に九三歳で他界した李の墓は、このゴルフ場に隣接して建てられたという。

没するまで李が名誉会長を務めた新韓銀行は、一九八九年に株式を公開。これによって在日の出資比率が相対的に縮小し、李の影響力も低下した。だが李が持ち込んだ革新的な経営は、企業DNAとして受け継がれている。韓国で銀行の四割超が消えた九〇年代のアジア通貨危機も、新韓銀行は黒字で乗り切った。二〇〇一年には持ち株会社「新韓金融」が発足、現在は世界中に子会社を展開する国際金融グループに成長している。

李の名は現在も韓国でその創設者として語り継がれている。二〇一七年には李の誕生一〇〇周年を祝うイベントがKBSホールで開かれ、複数のメディアがその生涯を振り返った。

日本への望郷

金《キム》嬉《ヒ》老《ロ》

一九二八（一九二七とも）～二〇一〇
静岡県清水市出身　二世

日本へ行きたくなかった母

「私がマムシでもあるまいし、ほんとに何の人間か、ここまで通ってきたのが、自分でも自分のことが、不思議です」。金嬉老の母、朴得淑《パクトウクスク》は本田靖晴の『私戦』（旬報社）でこう述べている。恐らく息子の無期懲役判決が確定して間もない、七〇年代後半の発言だろう。

「マムシ」は、何度もどん底に落とされながら生き続けてきたしぶとさの例えだ。得淑はまたこうも話している。「（本田が）わざわざ来たちゅうからこうして話しとるだけんども、わし、生きて話してるか、死んで話してるか、あんたらにゃわかりゃせんですよ」。

得淑は日韓併合の前年、朝鮮がまだ大韓帝国だった一九〇九年に釜山《プサン》で生まれた。数えで七歳の時、日本人農園主の家で子守となる。当時すでに朝鮮人農民の土地の多くが日本の国有地となり、払い下げを受けた日本人事業家が農園を経営していた。得淑は九歳から正式な奉公となり、農園の雑役に従事した。利発で働き者、日本語の覚えも早い得淑は、農園主にかわいがられたという。

七歳年上の権命述《クオンミョンスル》と結婚したのは、得淑が一七歳の時だ。朴家と権家は近所同士だったが、命述はすでに両親や兄弟らと日本へ渡っていた。命述は一時帰郷のついでに得淑を嫁に迎え、否応なく日本へ連れていく。命述の母親は強欲で知られ、得淑は嫁入りも渡日も望まなかったという。

命述は当時、権藤という日本名で工事人夫の請負師をしていた。漢字の読み書きができて人望もあった彼は、比較的恵まれた仕事に就けたようだ。だが夫婦は命述の両親らに仕送りしなくてはならず、得淑は家計のため炊事婦、飴売りなどの労働に明け暮れた。また命述には別れた日本人の愛人との間に生まれて間もない女児が二人おり、得淑はその母親の役目も負わされた。

割のいい仕事を求めて熱海、伊豆、東京と渡り歩いた一家は、一九二八年に静岡県清水市の築地町（現清水区）へ移り住む。この前後に生まれた得淑と命述の最初の子が、「金嬉老」。後に暴力団員二人を射殺し、温泉旅館に立て籠もった人物だ。

父との日々

ライフルとダイナマイトで武装した殺人犯が一三人を人質に立て籠もり、大勢の報道陣に朝鮮人として受けた屈辱を滔々とまくし立てる――。日本初の「劇場型犯罪」と呼ばれるこの異様な事件＝「金嬉老事件」が起きたのは、白黒テレビの世帯普及率が九割に達して間もない一九六八年のことだ。犯人の金は、一九七五年に無期懲役が確定。約三二年の獄中生活を経て一九九九年九月に仮釈放された。同時に国籍のある韓国へ移送され、以後二度と日本の地を踏んでいない。

二〇一〇年三月に金が死んだ際、事件の舞台となったふじみ屋旅館の女将が韓国紙の取材にこう答えた。「帰国後は幸福な余生を願ったが、噂によるとそうでなかったのが残念だ」「天国では平穏に暮らしてほしい」。記事を書いた韓国人記者は、女将が故人を「金嬉老」と呼ぶことに感じた違和感も綴っている。帰国後の金は戸籍上の本名「権禧老《クオンヒロ》」で通っていたからだ。

権禧老《ごんきろう》、権嬉老《ごんきろう》、金嬉老《きんきろう》、近藤安広、清水安広、金岡安広――。これはみな金がかつて持っていた名前だ。いずれも本人が自分の意思で偽名を創作したわけではない。母親の再婚で、二人の父親に由来する姓と日本名が変遷したのが理由だ。また出生時の権禧老が権嬉老になったのは、日本の役所が書類を書き損じたためだった。

生年月日も五通りほど知られている。最も早いのは一九二七年一月一日、最も遅いのは一九二八年一一月二〇日。本人は裁判の意見陳述で、後者を自分の生年月日とした。だがこれは得淑の証言、戸籍、また本人が一九九九年に書いた自伝とも食い違っている。金は同書で、自分が五歳の時に実父命述が死んだと書いた。これは満年齢でなく数え年だろう。また後述する朴三中《パクサムジュン》住職は、金が「父親の愛情のおかげで五歳までは幸せだった」と回顧したと語っている。

作家の山本リエは、金のすぐれた記憶力は母親譲りだと書いた。また得淑によれば、巧みな弁舌、筆まめさ、自我の強さ、またふとした拍子に態度が豹変する気性は父親譲りだという。

その命述が死んだのは、一九三一年二月。港湾での作業中にウィンチのチェーンが突然外れ、落下した木材が胸を強打したという。

子煩悩な命述は生前、長男の金をとりわけかわいがった。仕事から帰ると、いつも戸口でひとしきり隠れんぼにつき合ってやったそうだ。得淑も、この父親の存命中が金の生涯で唯一幸せな時期だったと山本に語った。意見陳述の生年月日、また事故の時期が事実なら、命述との日々は二歳と数カ月の頃に終わったことになる。

放浪と盗み

命述が他界した時、得淑は金とその妹を含む三児を抱え、胎内に二人目の娘を宿していた。母子はしばらく清水市内の姑宅に身を寄せるが、折り合いが悪く長続きしなかった。あてもなく姑宅を出た得淑は屑拾いなどの底辺労働に従事しながら、夫の三回忌を終えた一九三三年に金鐘錫《キムジョンソク》と再婚する。得淑より二つ年下の鐘錫は、命述の使用人をしていた人物だ。

女児三人は鐘錫になついた。だが金の強い自我は、継父を頑なに拒絶する。幼い金は路上に寝そべって大の字になり、「母を返せ」と駄々をこねたという。鐘錫もそんな連れ子を疎んじ、父子関係は険悪だった。また才覚に富んだ命述と異なり、鐘錫はあまり仕事熱心でなかったらしい。酒を飲んでは「朝鮮人をばかにしやがって」と愚痴り、得淑に手を上げることもあった。

金は一九三四年、中産階級の子女が通う名門の清水小学校へ入学している。学籍簿にある名前は、役所が書き誤った権嬉老だ。金が名門校に入れたのは、権家が長男の跡取り息子をいい学校にやろうとしたのか、あるいは命述のつてが何かあったのかも知れない。

だが一人紛れ込んだ極貧の朝鮮人が、クラスに溶け込めるはずはなかった。金は法廷陳述で、小学三年生の時の体験を語っている。それによると得淑が持たせた麦飯の弁当を、二人の同級生が嘲笑ってひっくり返した。すぐ取っ組み合いの喧嘩になったが、止めに入った教師は問答無用で金の腹を蹴り上げたという。金はその時の同級生と教師の名前を、一九九九年の自伝にも記している。

金はまた継父を嫌ってよく家出し、食べ物を盗んでは警察に突き出された。一二歳からさまざまな職を転々とし、やがて日本各地を放浪するようになる。一四歳前後で名古屋に流れ着いた時、腕時計を盗んで瀬戸少年院に入れられた。ただし本人は、清水市の映画館で拾ったと書いている。

やがて少年院を脱走した後、静岡市の菓子屋で財布を盗んでまた捕まった。金は東京の朝鮮人矯正施設に送られ、そこで敗戦を迎える。聴取不能な玉音放送とともに敗戦を知らされた朝鮮人の少年たちは、みな日本が敗れた悔しさにボロボロと悔し涙を流したという。

少年のヒロイズム

意見陳述の生年月日にしたがうと、金は一七歳になってすぐの一九四五年一一月に二件の詐欺と窃盗で懲役二年、執行猶予四年の判決を受けている。そして翌年八月、窃盗、詐欺、横領で懲役一年六カ月の実刑。続いて一九五〇年三月に詐欺、脅迫、銃刀法違反、単純逃走で懲役二年、同年八月に傷害で懲役四カ月。その出所から間もない一九五二年九月、強盗、横領、銃刀法違反で懲役八年。出所したのは一九五九年二月だ。そして一九六一年六月に恐喝などでまた捕まり、一九六五年五月まで服役。以後一九六八年二月に暴力団員とその子分を射殺するまで、犯歴はない。

一九五二年に服役した際、金は獄中で若い共産党員と出会う。その影響で読書に目覚め、社会主義関係の本を読み漁った。また獄中で自動車整備士の訓練生となり、その資格を手にしている。だが出所しても朝鮮人の前科者を雇う整備工場はなく、資格は生涯ただの飾りで終わった。

金は生涯で三人の日本人を含む六人の女性と、婚姻ないし事実婚の関係を結んでいる。興味深いのは、いずれも不幸な境遇の女性に金が手を差し伸べる形で関係が始まっている点だ。家出して自殺未遂を起こした女性、暴力団に脅されキャバレーで働く女性などが、その相手だった。

不幸な女性たちに母親の姿を重ね合わせた――というより、女性を口説く常套手段だったたと考えたほうが早いだろう。ただし早くから親しい在日韓国人一世は、金には「人情もろい」ところがあったと語っている（『私戦』）。また金は幼い頃から、「清水次郎長伝」のような義侠伝に憧れを持っていた。暴力団組織に誘われても徒党を組むことを嫌い、警察からは「一匹狼のヤクザ」と認識されていた。よく言えば理想主義のロマンチシズム、悪く言えば子供っぽいヒロイズムが、刹那的衝動に結びつく性格だったのだろう。

人質を取って立て籠り、民族の憤懣を日本社会につきつけてから自決する——。この企て自体が、そもそも悲壮であると同時に芝居がかっている。そして金の死をかけたこのパフォーマンスはマスコミや警察などを巻き込みながら、複雑な波紋を投げかける大事件に発展していった。

破局と惨劇

金が地元で有名だった広域暴力団組員の殺害を計画したのは、支払う義務のない手形をネタに恐喝されていたからだ。督促は一杯飲み屋を営む得淑や弟たちにも及び、金が青森に逃げても脅迫状が届いた。言われるがまま金を払っても、暴力団は相手が破滅するまで恐喝し続ける。支払い拒否を貫けば、組織のメンツのために殺されるのは自明だ。

狩猟の趣味から他人名義のライフルを所有していた金にとって、相手を射殺することも不可能ではなかった。だが身内を殺された組織は、メンツをかけて必ず報復する。つまり家族ともども破滅するまで強請られるか、相手を殺して自分も報復で殺されるか、あるいは捕まって死刑になるか、金が置かれた状況はこの三択しかなかった。前科だらけの金が二人殺して死刑を免れたのは、この悲惨な事情が斟酌されたことが大きい。

またそれとは別に、金には自暴自棄になる理由があった。金は一九五九年に出所した際、ある日本人女性と事実婚の関係となる。この女性は得淑の店を手伝いながら、二年後にまた捕まった金の帰りを四年間待ち続けた。金は出所してこの女性と一杯飲み屋を始め、商売は繁盛したという。

この頃が金の生涯で最も生活が安定していた時期だ。だが金は事件を起こす前年の一九六七年、別の日本人女性と浮気して産ませた子供を引き取って育てたいと言い出す。金にとっては実父と同じことをしただけだったが、女性との関係は破局した。自分がしたことの結果に打ちのめされた金は店を捨て、青酸カリを入手して日本各地を放浪する。

さらにその年の一一月には、継父の鐘錫が一〇歳の孫を道連れに自殺した。鐘錫はその数年前にオート三輪の事故で障害を負い、同時に精神も病んでいったという。

殺された孫は、末娘の子だ。末娘はその夫が事故で他界した後、子供を両親に預けていた。孫は鐘錫によくなつき、酒好きの祖父のために小遣いを貯めて焼酎を買ったこともあるという。だが精神の壊れた鐘錫は寝ている孫の胸に包丁を突き立て、自分は農薬を飲んだ。

金は当時、行きずりの女性と横浜で同棲していた。実家に電話して惨劇を知ったのはその一〇日後だ。そして金が実家に戻ってから数日後、今度は返済済みの手形が暴力団員の手に渡ったことを知る。金も名前を知っていたその暴力団員は彼を脅し、新たに借りてもいない借金の借用書を書かせた。金はその翌月末、つまり一九六七年の大晦日から、手帳に日記形式で死の決意を綴り始める。

破り捨てた登録証

一九六八年二月二〇日、金は三六歳の暴力団員とその子分一九歳をライフルで射殺した。前述の生年月日に従えば、金は当時三九歳。犯行現場はかつて実父が事故死した清水港からほど近いクラブだ。金はカネを返すと言って暴力団員をクラブに呼び出し、自分もレンタカーで乗りつけた。

金はこの時、ライフルと五〇〇発前後の銃弾、そして七三本のダイナマイトを用意している。暴力団員数人を相手にするには過剰だが、金はある計画を企てていた。

発端は、前年七月。金は清水市内の盛り場で夜八時頃、一〇代の従兄弟を含む朝鮮人と日本人の集団乱闘に出くわした。その場で誰かが「朝鮮人のくせにでかい面しやがって」と怒鳴るのを聞いた金は、従兄弟に声の主をたずねる。すると清水署のKという刑事だという。

金はその夜、近くの飲食店から警察署に電話してKに苦情を言った。するとKはまた朝鮮人を侮蔑して金を挑発したという。清水署及びKは一連の発言を否定しているが、飲食店の店員は金の抗議電話を聞いたと裁判で証言した。この証言は判決文にも採用されている。

Kの態度には、とりわけ金を激怒させる何かがあったらしい。金は電話でのやり取りからすぐ在日一世の知人にその怒りをぶつけ、携帯が義務づけられている外国人登録証を眼の前で破り捨てた。どうせ死ぬのなら、最後に清水署を襲撃してKもろとも爆死したい――。金は警察署爆破という未曾有のテロを思い描きながら、その準備を整えた上で約束のクラブにやって来たわけだ。

だが引き金を引く寸前まで、まだ決行に躊躇があった。金は思いとどまるよう説得されるのを期待して、前日と当日に知人や世話になった警官に電話している。だが相手はどちらも不在だった。

約束の時間は午後七時。金は暴力団員と二人の男がクラブに入るのを車内で確認した後、まず手ぶらで入店する。そこでやっぱり金策がうまくいかなかったと言い、支払いの延期を持ちかけた。

だが金の証言によると、暴力団員は朝鮮人を蔑む言葉で金の申し出を切り捨てたという。

金は席を外して車に向かい、ライフルを手に戻る。金のライフルは米軍の装備を流用して違法改造されており、一度に三一発の銃弾が装填できた。金は暴力団員に六発、子分に四発の銃弾を撃ち込む。暴力団員は一発が心臓に命中して即死、子分は病院に運ばれた後に死亡。もう一人の子分は金が戻った時たまたま中座しており、難を逃れた。

スクープ映像の主人公に

犯行後に清水署へ向かわなかったのは、予想以上に厳しい警戒で辿り着く前に捕まると思ったからだ。あてもなく車を走らせた金が寸又峡《すまた》に辿り着いたのは、午後一一時半前後だった。

大井川上流の寸又峡は南アルプス南端の登山道口。一〇数軒の温泉旅館、四〇〜五〇軒の民家が集まる集落だ。渓谷が先細った行き止まりに位置し、麓に通じる道路以外に逃げ場はない。

金は、その寸又峡でも一番突きあたりにあるふじみ屋旅館で籠城することに決めた。捕らえに来る警察を相手にできる限り抵抗し、自分の鬱憤を晴らしてから自殺しようと考えたのだ。

金はライフルとダイナマイトを携え、寝静まった旅館に侵入。経営者家族五人と宿泊客八人の計一三人を人質とした。また金はその夜のうちに電話を通じて、警察と新聞各紙に犯行声明と自殺の決意を告げる。対する警察は、夜明け前から別の旅館を拠点として人員を配置。だが警官は拳銃しか装備しておらず、重武装した金をひとまず遠巻きに眺めるしかなかった。こうして八八時間に及ぶ金の籠城、いわゆる金嬉老事件が始まる。

午前八時に馴染みの警官が説得に訪れた後、金の要求が具体化していく。それはKの発言に対する謝罪、殺された暴力団員の行状の公表、そしてマスコミが自分の心境を報道することだ。

ふじみ屋旅館にはテレビ局や新聞社から次々と電話がかかり、金の肉声が生放送のテレビ番組で流れた。また金に指名されたNHKと静岡新聞を筆頭に、報道機関が次々と現場に到着。記者らは入れ替わりでふじみ屋旅館へ入り、金のコメントを記録した。当時は寸又峡までテレビの中継車を送ることができず、映像はフィルムで撮影された後にヘリコプターなどで運ばれた。金はまた記者に死の決意を綴った手帳を遺書として持ち帰らせ、その抜粋が各紙の紙面に掲載された。

旅館のテレビが受信できたのは、NHKと静岡放送の二局。金は取材を受けながらそのニュースをチェックし、恣意的な報道があればライフルの威嚇射撃で抗議した。こうして金は、マスコミをコントロールするノウハウを学習していく。二一日夕方には、TBSが最初の取材フィルムを放送。これに触発されたマスコミ各社は、スクープ映像を求めて寸又峡へ殺到した。

二二日午前七時すぎ、前日に金と会ったNHK記者がテレビで手帳の内容を紹介する。その報道に満足した金は、ほどなく人質のうち女将とその子供三人を解放した。そして午前一一時頃、金は一五人ほどの記者を旅館に招き入れて共同記者会見を開く。話の主旨は一連の主張と同じであり、Kや暴力団員への怒り、自首を拒否して自殺する決意、また母への心残りを語った。この共同記者会見は二四日の逮捕まで、たびたび繰り返されている。

苦笑いする立て籠もり犯

前代未聞の劇場型犯罪を可能にしたのは普及して間もない白黒テレビだが、もう一つ重要な点がある。それは淀みない弁舌で相手を引き込む金の不思議なキャラクターだ。

人質の宿泊客は、みな山中での工事に携わる建設会社の社員だった。最初に出くわした社員は、ライフルを手に話しかけてきた金を猟師だと思ったという。そしてヤクザとやり合ってきたという話を聞くと、知らんふりしてやるから隠れていろと言った。工事現場の労働者にはヤクザから逃げている者もおり、社員はその扱いに慣れていたようだ。だが金は一三人全員に頭を下げて迷惑をかけることを詫び、立て籠って警察と対決すると告げた。

当時の週刊誌には、金と人質の宿泊客たちがテーブルを囲んで談笑しながら食事している写真がある。人質の何人かは金に同情や共感を抱き、立て籠もりにも協力的だった。旅館で死なれたら迷惑だと女将に言われた金は、素直にこれを受け入れて自殺は外でやると約束したという。

その一方で「逃げれば人質を殺す」と脅したという証言もある。だが金はしばしば人質を残して外出したり、ライフルを置いたまま旅館内をうろつくこともあったが、結局何も起こらなかった。そのため人質たちは一部メディアで「朝鮮人のいいようにされて」と批判され、後に匿名の中傷ハガキを送りつけられてもいる。

立て籠もり犯と人質の擬似的な共感を指す「ストックホルム症候群」という言葉も有名だ。だが金が単なる危険な犯罪者ではないと感じたのは、人質だけではない。最初に旅館へ入った記者二人は、殺人犯に撃ち殺されるのを覚悟して乗り込んだ。だが金と対座するとすぐ恐怖は消え、忌憚なく質問を投げることができたという。

「凶悪なライフル魔」というマスコミが与えたイメージは、実態と微妙なずれがあった。最初の共同記者会見では、場所の取り合いに殺気立つ記者たちを「あまりもめないでくださいよ」とたしなめたりもしている。この会見以降、記者たちは自由に旅館へ出入りして取材した。「金さん、ちょっと一発撃ってみてくんないか」という記者の求めに応じて、空へ向けてライフルを撃つ様子を撮影させたこともある。また二二日午後に金が旅館の前で自殺を仄めかす発言をすると、陣取っていた大勢の報道陣が大慌てで撮影の用意を始めた。自殺の瞬間をカメラに収めるためだ。あまりに露骨で正直なその態度に、金はただ苦笑いしていたという。

差し入れの下着

報道を通じて金の訴えを支持する声が上がり始め、作家、大学教授、弁護士らの支援グループが結成される。また支援グループのほか自首を促すためさまざまな説得者が金を訪ね、支援金などを手渡した。金はこれを宿泊代だと言って旅館関係者に渡している。

金が求めた警察の謝罪はNHKを通じて複数回行われ、清水警察署署長、静岡県警本部長、そしてK本人がテレビに登場した。だがKは身に覚えはないが仕方なく謝るといった態度で、金をまた怒らせた。そのためKは、文言を変えてもう一度カメラの前に立たされている。

だが何もかも異常なこの状況が、いつまでも続くはずはなかった。

二四日午前一一時すぎに放送された県警本部長の謝罪をもって、金は要求の一つを取り下げた。だが暴力団員の行状については、まだ捜査も終わらないうちに警察が結論を出せるわけがない。その一方で栄養剤を打ちながら不眠不休で籠城する金は、疲労が限界に達していた。

金は謝罪の見返りとして、人質一人の解放を宣言する。そして二四日午後三時すぎに人質を送り出すため旅館の玄関へ出てきたところを、記者に変装した九人の警官隊に取り押さえられた。金はこの時に舌を噛んだが死に至らず、警官は布を巻いたドライバーを口に突っ込んだ。

金の籠城中、母得淑も寸又峡の玄関口にいた。得淑は差し入れの下着とともに、「きれいなまま死ね」という言葉を説得者にことづけている。息子が暴力団に殺されるのも、死刑になるのも耐えられない。いっそ自ら命を絶てば、自分が亡骸を引き取るというのだ。伝言を託された在日本大韓民国居留民団（民団）団長はさすがに伝えることができず、胸にしまったまま寸又峡を去った。だが得淑から下着を受け取った金は意味を察したのか、ライフルを手に風呂に入って体を清めた。

得淑の死

一九七二年六月の地裁判決、一九七四年六月の高裁判決はいずれも無期懲役。一九七五年一一月に上告が棄却され、刑が確定した。

金は裁判中も、司法に対する無謀なテロを企てている。自伝によると法廷に包丁と薬剤を持ち込み、検察官を刺して自殺しようと考えたというのだ。未決囚として静岡刑務所に収監されていた金は看守を通じて、包丁、薬剤、ヤスリ、さらにカメラやオーディオまで手に入れていた。

収監者が看守を脅したり丸め込むなどして、不正の片棒を担がせることは珍しくない。受刑歴が長く弁も立つ金は特にそれが得意だったらしく、過去にも似た問題を起こしている。静岡刑務所での事件は関係者一三人が懲戒処分、さらに看守一人が自殺する結末に終わった。

刑の確定から三カ月後、金は熊本刑務所に収監された。すべての公判を傍聴した得淑は月に一〜二回、静岡から熊本刑務所まで通った。一時間ほどの面会のために、片道一泊二日を要したという。無期刑は一〇年を過ぎると仮釈放の対象となり、当時は現在より比較的早く申請が認められた。金の仮釈放と帰国運動に奔走した釜山の朴三中住職によると、得淑は金が仮釈放されたら故郷の釜山に帰りたいと話したそうだ。

だが得淑は金が熊本へ移って六年後、脳血栓で半身不随となる。それからまた長い歳月を経た一九九八年一一月、八九歳で他界した。金がようやく仮釈放を認められ出所したのは、翌一九九九年九月。前述の生年月日によれば、金はすでに七〇歳を迎えていた。

金の仮釈放は、韓国へ送還され日本へ再入国しないことが条件だった。獄中で韓国語を独学しただけの金にとって、韓国は見たこともない異国だ。この条件に金は不満だったが、朴住職の熱心な勧めに折れる形で仮釈放を受け入れた。こうして出所と同時に成田へ直行した金は、釜山にほど近い金海《キメ》空港に降り立つ。以後、二度と生まれ故郷の土を踏むことはなかった。

三度目の獄中結婚

金は生涯で三度の獄中結婚をしている。一度目は一九六九年、相手は事件の直前に横浜で同棲していた日本人女性だ。だがほどなく離婚し、女性は一九七四年に再婚した。

二度目は一九八三年、相手は韓国大田《テジョン》の刑務所に収監されていた韓国人女性だ。日本人駐在員の愛人だったこの女性は一九七四年にソウルでその本妻を殺し、無期懲役を宣告された。差し入れの週刊誌で事件を知った金が手紙を送って文通が始まり、双方が獄中にいるまま結婚したわけだ。だが先に仮釈放された女性は一九九三年、得淑が金のために貯めた一〇〇〇万円、また金の著書の印税や支援金を持ち逃げして消えた。この女性は二〇〇〇年二月に釜山を訪ねてまた金に近づき、二カ月後に五五〇万円ほど奪って行方をくらましている。

そして三度目は、二〇〇一年七月。相手は釜山で知り合った女性Pだ。金がこの年にまた獄中にいたのは、よく知られている通り韓国でまた事件を起こしたからだった。

Pは結婚二〇年以上、二人の子供を持つ人妻だ。だが夫は花屋を営むPの収入に依存し、酒を飲んでは暴力を振るった。金と知り合ったのは、Pが朴住職の信徒だったからだ。金はこの信徒らをはじめとする支援者の支えで暮らしており、Pは金がカネを持ち逃げされた後に世話をするようになった。不幸な結婚生活を送ってきたPに金はやさしく接し、二人は自然に接近する。だが家庭では浮気を疑う夫に責められ、Pは自殺未遂まで起こした。

金が事件を起こしたのは、二〇〇〇年九月。『金嬉老の真実』（阿部基治著・日本図書刊行会）によると、金は慣れない韓国語の聞き違いから、Pが夫に監禁されていると誤解したという。金はまたその少し前、夫が自分を刃物で殺そうとしているという噂も耳にしていた。そこで金はPを救うため手製の槍を持って押しかけ、夫との乱闘に発展したわけだ。金はまたその場でPに一〇〇万円ほどの現金を渡し、これを持って逃げろと言ったという。この騒ぎでPと夫が軽い擦傷、金が自分の槍で顎に重傷を負った。家具に火を放ったとも報じられたが、大事には至っていない。

金は二〇〇〇年一〇月、精神鑑定で性格障害と判定された。原因に挙げられたのは、幼少期からの人格障害、長期間の懲役生活、また韓国の環境に適応できないストレスなどだ。こうして金は公《コン》州《ジュ》の治療監護所に二年間収監される。この間にPは夫と離婚し、獄中の金と再婚した。

帰郷

朴住職は『月刊朝鮮』の二〇〇一年一月号で、こんな話をしている。彼は日本の在日社会が金に冷ややかだったことを、ずっと不満に思っていた。だが後にそれが誤りだと悟ったという。金の体験や憤懣は彼一人のものでなく、それで自分の犯罪を説明するのはエゴイズムにすぎない。『金嬉老の～』では、当時七〇すぎだった金について朴住職がこう語っている。「（生涯のうち）約五十年間は刑務所暮らしだった。彼の精神構造は、まだ二十代なのだ」。朴住職はまた右の『月刊朝鮮』で、金が自分を偉大な英雄だと思い込んでいたとも語っている。金は日本で反権力のヒーロー、韓国では民族の誇りのために戦った闘士として伝えられた。殺人で人生を失った金は、メディアが描く通りの自分を生きようとしたのだろうか。

二〇〇六年には、韓国人支援者の招きで訪韓したふじみ屋旅館の女将と再会している。現地紙によると、女将は「生きてまた会えると思わなかった」と語ったという。

金はまた二〇〇七年に現地誌『月刊東亜』、二〇〇八年にテレビ朝日の番組で、日本への望郷の念を語った。彼はよく釜山の見晴らしのいい丘から海を眺め、その向こうにある故郷の清水市に思いを馳せたそうだ。また毎朝のように釜山の観光地に通って日本人観光客に声をかけ、会話を楽しんだという。テレビ朝日の番組ではまた、日本でよく食べたお新香のお茶漬けが格別だったと懐かしんだ。映像には、釜山で花屋を続けるPと金の仲睦まじい様子も収められている。

二〇一〇年二月、金が日本政府に渡日許可を求める嘆願書を出すと報じられた。清水市にある母の墓に参りたいというのが理由だ。だが経過を見る間もなく、同年三月二六日に前立腺癌で没した。

金は遺骨の半分を父が生まれた釜山の海に散骨し、残り半分を母の墓に一緒に葬ってほしいと言い残した。遺言は叶えられ、二〇一〇年一一月に朴住職の手で金の遺骨が得淑の下へ届けられた。

朴住職は金の仮釈放のため一九九〇年から五〇回近く渡日し、清水市の老人ホームにいた得淑を計一六回訪ねている。金の遺骨を携えて清水市を再訪した朴住職は、息子を連れ戻すという約束をようやく果たせたことを墓前に報告した。

日本に託した夢

町井久之

実業家　一九二三～二〇〇二
東京市深川区（現東京都江東区）出身　二世

転向活動家を引き寄せた思想

一九一〇年の日韓併合に始まり、一九四五年の敗戦で終わった日本の朝鮮半島統治。韓国ではこれを「日帝三六年」という言葉で表したりする。ただしいうまでもないが、統治期間はあらかじめ三六年の期限が決まっていたわけではない。独立運動家はもっと早く終わるよう願ったし、日本人を信じて同化を目指した朝鮮人にとってはいつまでも続くはずだった。

例えば姜永錫《カンヨンソク》はその両方を行き来した朝鮮人の一人だ。一九〇六年に全羅南道《チョルラナムド》光州郡《クァンジュグン》（現光州市）で生まれた姜は、一九二〇年代に入って台頭した社会主義運動に傾倒。一九二五年創立の朝鮮共産党にも参加している。

だが当然ながら官憲の弾圧を受け、たびたび逮捕された。やがて一九三八年になると、姜は天皇を頂点とする「日鮮両民族の一体的協和」を説くようになる。つまり転向したわけだ。

ただし姜は、内鮮一体を積極的に受け入れる典型的な親日派の朝鮮人とも違っていた。姜が恐らくこの時期から傾倒していたのが、東亜連盟運動だ。

東亜連盟は日本陸軍の軍人、石原莞爾が唱えた思想。石原は関東軍参謀として満州事変を指揮し、陸軍中将まで昇進した人物だ。一方で独自の軍事思想を追究し、日中戦争の拡大に反対して東条英機に罷免された。

日蓮系の新宗教にも傾倒していた石原は、日本を盟主として東アジア諸国が天皇の下に束ねられるような共同体、つまり東亜連盟を構想した。この構想は朝鮮人を日本人化して同化する内鮮一体と異なり、民族性と自治の維持をある程度容認している。またそこから日本の帝国主義を非難するロジックを導き出すことも可能だ。こうしたことから朝鮮人の民族主義右派、そして姜のような社会主義運動に挫折した活動家らが、東亜連盟運動に引き寄せられていった。姜は朝鮮でその中心人物となり、一九四〇年に朝鮮東亜連盟本部を結成している。

もっとも石原は朝鮮の独立、解放を構想していたわけでなく、むしろ天皇を中心とする一つの体制に吸収、同化するような共同体を描いていたようだ。だがすでに三〇年に及んだ日本の統治を経て、内鮮一体に反発する活動家も日本を盟主とする思想に抵抗を感じなくなっていた。その五年後に日本が戦争に敗れるとは、思いもよらなかったのだろう。

姜は解放後に再び朝鮮共産党に加わり、人民委員会の地方委員を務めたともいわれる。そして一九九一年、韓国京畿道《キョンギド》安養《アニャンシ》市の自宅マンションで八五歳の生涯を閉じた。

「石原莞爾将軍」の教え

戦後間もない東京で「銀座の虎」と恐れられたヤクザ出身の実業家、町井久之。鄭建永《チョンゴニョン》を民族名とする彼はやがて、韓国政界とも深いつながりを築いて影響力を振るった。この町井もやはり、在日二世として東亜連盟を熱心に信奉していた一人だ。

日本の朝鮮統治に異を唱える東亜連盟は朝鮮総督府によって違法とされ、朝鮮東亜連盟本部の活動もさほど発展しなかった。それに対して日本では一九三九年に東亜連盟協会が発足し、一〇万人の会員を獲得。やがて東条英機に解散を命じられるが、一九四二年に東亜連盟同志会として復活する。

東亜連盟は日本でも、在日朝鮮人留学生らが運動に加わった。その中心になった一人が後の大韓民国居留民団（民団）団長、曺寧柱《チョヨンジュ》だ。

一九〇八年生まれの曺も光州で独立運動に参加し、マルクス主義者となった経歴を持つ。だが尊敬する共産主義者の河上肇が獄中で転向したことに幻滅。やがて出会った石原の思想に心酔し、東亜連盟運動に身を捧げるようになった。一九二三年生まれの町井とは解放前から師弟のような関係にあり、石原を「石原莞爾将軍」と呼んで東亜連盟の思想を説いたという。

朝鮮での東亜連盟運動は解放後、日本に加担した親日派として厳しく糾弾された。日本では一九四六年一月にＧＨＱが解散を命じるが、その思想は右翼団体の系譜に位置づけられる。そして町井や曺など運動に参加した在日朝鮮人は保守右派となり、共産党を後ろ盾とする左翼勢力との激しい抗争を繰り広げた。

一九四五年一〇月、在日朝鮮人の立場を代表する団体として在日本朝鮮人連盟（朝連）が結成される。だが共産主義者らによる指導部が親日派や民族主義者らを排除すると、これに反発した勢力が朝鮮建国促進青年同盟（建青）を結成。建青は反共を掲げ、組織の全国展開に力を注いだ。

町井が反共の武闘派として名を上げるのはこの時期だ。

一九四五年一一月末、朝連の送り込んだ数十人の集団が東京の神田神保町にあった建青の拠点を襲撃。市民の通報で急行した米軍のＭＰが両者を解散させたが、朝連が再び襲撃してくることは明らかだった。そこで建青が援軍に引き入れたのが、「学生ヤクザ」として武勇伝が広まっていた町井とその取り巻きだ。

翌日の襲撃は数百人規模の大乱闘に発展。無力化していた日本の治安当局は、ただ眺めるしかなかった。そうしたなか、一八三㎝の巨体で相手を次々となぎ倒したといわれるのが町井だ。またもう一人、後の大山倍達こと崔永宜《チェヨンイ》もそこで朝連を相手に拳を振るっていた。

大山は一八歳を迎えた一九三九年、釜山《プサン》でやはり曺から東亜連盟について教えを受けている。その年の暮れに大山は曺を頼って玄界灘を渡り、石原に師事する者らと寝食をともにした。

成績優秀で絵が好きな少年

町井の生涯は、ジャーナリストの城内康伸が書いた『猛牛と呼ばれた男』（新潮社）で詳述されている。それによると町井の父鄭昌健《チョンチャンゴン》は、一八九六年生まれ。朝鮮から日本へ渡って中央大学に入学した後、中退して商売を始めた。戦前にはタクシー会社を手広く営んでいたという。日本名は町井茂雄。戦後は東京市深川区（現東京都江東区）で町井商店の看板を掲げ、くず鉄の転売で儲けた。身寄りのない子供を育てた篤志家だったとも伝えられている。

昌健も若かった頃、朝鮮の独立運動を強く支持していたという。一九二三年に町井が生まれた後、自分はいつ官憲に捕まるかも知れない身だからと自ら断種手術を受けたそうだ。一方その妻、つまり町井の実母は昌健と正式に結婚しておらず、ほどなく別の男性と関係を結ぶ。実母はやがて幼い町井を連れて半島に戻るが、親戚から袋叩きにされた。女性が夫と別れて子供だけ連れ帰るなど、儒教社会の朝鮮では人倫にもとる不貞の極みだったからだ。

町井はそのまま朝鮮で祖母の崔東尹《チェドンイ》に引き取られた。祖母は一八五八年生まれ。町井は祖母に対して篤い尊敬と思慕の念を抱いたが、実母には嫌悪感を募らせていた。

京城（現ソウル）で育った町井は、成績優秀で絵が好きな少年に成長する。やがてまた日本へ戻ったのは、一三歳の時。この間に昌健は日本人女性と結婚していたが、朝鮮人女性との間に息子がいることは伝えていなかった。継母となった日本人女性は町井を露骨にいじめたそうだ。昌健は息子をかばったが、父子のそりも合わなかったといわれる。

祖母の豊かな愛情に包まれた京城時代から一転した暮らしは、その後の生き方に大きな影響を与えたという。学校の成績は相変わらず優秀だったが、ほどなく喧嘩に明け暮れて学校を転々とするようになる。専修大学専門部に上がると、徒党を組んでヤクザのように暴れ回った。

生涯にわたって大きな影響を受ける東亜連盟思想を知るのは、この頃だ。町井にこれを説いた曺は、「民族自治の精神から朝鮮解放を唱えて」いる思想だと理解していた。そして大いに感銘を受けた町井は、「これに共鳴し、石原思想に挺身することが生きがいであると痛感」するようになった(『猛牛と呼ばれた男』)。

「親日反逆分子」の汚名

もう一人町井に思想的な影響を与えた人物に、民団中央団長を務めた権逸《クオンイル》がいる。『民団新聞』によると、権も曺と同じ慶尚北道《キョンサンプクト》醴泉郡《イエチョングン》出身。一九三八年に明治大学法学部を卒業し、旧満州国で司法官を務めた。

権はまた日本の敗戦まで、中央興生会指導課長という肩書きがあった。興生会の前身は、一九三四年の閣議決定に基づき全国に組織された協和会。特高警察による指導の下、在日朝鮮人の管理、統制と日本への同化を進めた団体だ。在日朝鮮人の保護や生活の向上を掲げた反面、脱走した徴用労働者の捜索なども担った。実務にあたった補導員には、多くの在日朝鮮人も加わっている。

そして敗戦色が濃厚になった一九四四年、協和会は興生会に再編された。興生会は徴兵や労働者管理など、在日朝鮮人を戦争協力に駆り立てるための団体だ。そこには権をはじめとする在日朝鮮人の有力者らも動員されていた。

日本の敗戦を経た一九四五年九月、朝連の準備委員会が発足する。権はその立ち上げに参加した一人だ。だが同年一〇月に東京の両国公会堂で開かれた朝連の結成大会では、権ら四人のメンバーが会場から引きずり出される一幕があった。興生会に関わるなどした経歴が「親日派」として断罪されたからだ。朝連発足時に委員長となったのは、敗戦まで予防拘禁制度により投獄されていた社会運動家、金天海《キムチョネ》。共産主義者の金はその日の大会で、「親日反逆分子は厳重に処断」すると宣言した。こうして朝連を排除された権らが対抗勢力として建青を結成するのは、その翌月のことだ。

権も曺と同じく石原を「石原莞爾将軍」と仰ぐとともに、徹底した反共主義を貫いていた。そして東亜連盟思想に感化された町井を「しっかりした信念の持ち主」と評し、特に目をかけた。日本の旧体制から受け継がれた右翼思想が、「親日派」と呼ばれた在日を通じて町井に注ぎ込まれたわけだ。もちろん在日の保守勢力が朝連との武力闘争に明け暮れた当時、腕っ節の強い武闘派の町井を味方に引き入れるメリットは大きかっただろう。

町井は一九四六年、建青東京本部の副委員長に就任。その後も在日大韓青年団幹部を経て、長く民団や周辺団体の要職に就いている。

戦後に弁護士となった権はまた、町井が傷害事件を起こすたびに弁護を務めた。町井は一九四六年と一九四九年の二回にわたり、傷害致死で捕まったこともある。無礼な酔漢、また朝鮮人を嘲った人夫に手を出し、勢い余って死なせたそうだ。だが権が弁護したその裁判で、町井はいずれも執行猶予判決を受けている。

ドロップアウトした在日の憧れ

町井は一九四六年に知り合った日本人女性を終生の夫人としている。ただし入籍はせず、夫人を日本国籍のままとした。子供が成人した時、どちらの国籍でも選べるようにと考えたらしい。

その夫人は『猛牛〜』で町井をこう評している。「男の中の男ですよ。会う人、会う人が惚れ込んじゃうんです」。夫人に限らず町井を知る者は年上も目下も区別なく、その真っ直ぐな人柄に一目置いている。かつて美術を志す秀才だった町井は、男気のある理想家として人を惹きつける魅力も備えていたのだろう。同書によると、韓国の朴正熙《パクチョンヒ》大統領が町井をこう評している。「ああいう男が何人もいれば、この国も良くなったのに、カネで動く人間が多すぎる」。また同じく後の韓国大統領金泳三《キムヨンサム》も、「町井はただの無頼漢ではない」と語った。

もちろん町井はただ思想の追求だけに日々を過ごしていたわけではない。当時東京の中野に住んでいた彼は、まず池袋の闇市を舞台に愚連隊たちとの喧嘩に明け暮れた。

日本が連合国の占領下にあった当時、警察は弱体化して治安は乱れていた。腕力でのし上がるには、むしろ格好の時代だ。怖いもの知らずの武勇伝が広まると、つき従う者らも増えていく。町井は間もなく、三〇人ほどの手下を引き連れて銀座に進出。在日が経営する遊興店やパチンコ店の用心棒として名を上げた。

当然ながら在来のヤクザに目をつけられたが、町井は脅されても臆さず抗争を繰り返した。対立したヤクザも町井の豪胆さに一目置き、次第に協力関係を模索せざるを得なくなる。やがて町井は「銀座の虎」の異名がつき、その一派は町井一家、町井組と呼ばれるようになった。

町井はドロップアウトした在日の憧れでもあった。また日本のヤクザに絡まれた在日は、町井とのつながりを詐称して難を逃れるようになった。評論家の上之郷利昭はそんな町井の組織を、イタリア系移民が作り上げたマフィアになぞらえている。

上之郷によれば、町井は自分の名をかたる同胞たちに寛容だったそうだ。「私の名前を使うことで同胞が助かるのなら、私は喜んで名前を使わせてやりたい」（『週刊文春』一九七七年六月三〇日号）。右翼活動家の佐郷屋留雄は、同じ右翼思想を信奉する町井の同胞愛に「大いに感動した」と語ったという。

一方で町井の快進撃は、強力な後ろ盾があったという説も囁かれた。それはGHQだ。日本の共産主義化を警戒するGHQは、共産党と結びついた朝連を敵視していた。そうしたなかで右翼の町井は、共産主義者や朝連への対策に有用な存在だったわけだ。しばしば傷害などで捕まった町井がすぐ出てこられたのも、全てが権の弁護の賜物だったとは言い切れない。『猛牛〜』では、拘置所の町井をGHQ経由で釈放させようとした動きがあったことも伝えられている。

民団の発足と南北分断の固定

もっとも町井がヤクザとして台頭した一九四〇年代後半、朝連の対抗勢力は劣勢だった。建青が結成された翌一九四六年一月、朴烈《パクヨル》を委員長として新朝鮮建設同盟（建同）が発足する。朴は戦前に天皇暗殺を企てたとして大逆罪で投獄されていた無政府主義者の社会運動家だ。戦後になって出獄すると、反共主義者として活動を始めた。同年一〇月には、建青と建同を主軸として在日本朝鮮居留民団（民団）が発足。朴がその初代団長に就いた。

朝連はこの間に共産党、南朝鮮の左派とつながりを強めたほか、在日朝鮮民主青年同盟、在日本朝鮮民主女性同盟といった傘下団体も組織している。だが民団は建青以外、特にめぼしい大衆団体を組織できていなかった。

その建青では一九四七年、町井を当事者の一人とする内部抗争が発生する。日本政府から受けていた特別配給の配分を巡る内紛から、建青内の一部グループが町井と並ぶ武闘派の一人を殺害。町井もその標的として危うく殺されかけたのだ。町井は自分を狙ったグループに容赦ない報復を加えたものの、建青の弱体化は避けられなかった。

一九四八年八月、三八度線以南の朝鮮が李承晩《イスンマン》を大統領として大韓民国政府を樹立。半島の分断を望まない在日は反発したが、民団団長の朴はこれを押し切って李政権への支持を表明する。朴の支持を受けて韓国政府は同年一〇月、民団を在日同胞の公認団体として認定した。

翌一九四九年九月には、朝連が「占領軍に対して反抗」した団体として解散させられる。一方、自壊状態にあった建青は一九五〇年、韓国政府のテコ入れで在日大韓青年団に改編された。その本部監察委員長というポストに就いたのが町井だ。

やがて民団は韓国政府から旅券業務の委託を受け、徐々に団員数を増やしていく。だが一九五五年に至っても、在日に占める韓国籍の割合は二五％ほどにすぎなかった。

初代民団団長の朴は一九〇二年生まれ。関東大震災のあった一九二三年に検挙され、一九二六年三月に日本人の妻、金子文子とともに大逆罪で死刑判決を受ける。翌月二人は無期懲役刑に減刑されたが、金子は同年七月に獄死。朴は一九四五年一〇月まで、二二年二カ月の獄中生活を送った。民団団長としての指導力も安定せず、一九四九年五月に韓国へ帰国。だが翌年、朝鮮戦争の勃発とほぼ同時に北へ連れ去られる。やがて共産主義に転向した後、一九七四年一月に平壌《ピョンヤン》で没した。

「東洋の声に耳を傾ける」理想と実態

町井は一九五〇年から翌年にかけて、恐喝容疑で一年八カ月の勾留生活を送る。二審で執行猶予判決を受けて保釈された後、再び勢力拡大に乗り出した。その主な舞台となったのが、五〇年代前半から最初の全盛期を迎えていたパチンコ業界だ。町井は一九五四年、東京新橋で中央商会を設立。景品買い、つまりパチンコで勝った客から景品を買い取って手数料を取る事業に乗り出した。一〇〇人近い配下の者は手荒な真似も辞さず、中央商会は業界を席巻していく。

ただしこの景品買い事業は町井にとって、政治的理想を実現する社会運動でもあった。

朝連は一九四九年に強制解散させられた後、複数の傘下団体が共産党とともに再建をうかがっていた。一九五〇年の準備委員会結成を経て、一九五一年に在日朝鮮統一民主戦線（民戦）が発足。民戦は北朝鮮指導部とのつながりを強めつつ、「在日朝鮮人＝共和国（北朝鮮）公民」との認識で政治活動を広げていった。在日を中心としたパチンコ業界でもその影響力は強く、特に関西の景品買い業者は旧朝連系が圧倒的だったという。

町井が中央商会を興したのは、この勢力が東京へ進出した時期にあたる。つまり町井は関西から来た旧朝連系業者を駆逐することで、左翼への資金流入を食い止めようとしたわけだ。

やがて一九五五年五月、在日本朝鮮人総聯合会（朝鮮総連）が発足。内紛で一時的に民団を離れていた権逸はこれに危機感を抱き、町井に対抗組織の結成を持ちかけた。こうして町井は一九五七年一月、東声会を立ち上げる。東声会は「東洋の声に耳を傾ける」ことを名前の由来とし、「東洋主義を信奉する侠気に富んだ若者」の結集を目指した。

こうした経緯から見ると、東声会は町井の東亜思想を追究する青年団体のようにうかがえる。だが若くて血の気が多い構成員にとって、高尚な思想は二の次だった。

東声会は不良少年を取り込んで構成員を増やし、翌一九五八年には約五〇〇人の集団に拡大。周辺のヤクザと激しい抗争を繰り返しながら、東京各地の盛り場に進出した。三声会などの下部組織も猛威を振い、ほどなく新宿歌舞伎町を勢力下に置く。こうした東声会の実態は、武闘派の新興暴力団そのものだった。

だが町井は、東声会が暴力団と呼ばれることをとりわけ嫌ったという。町井にとって自分は国士、侠客であり、東声会は「不良青年の再教育」を担う「感化院」のつもりだったようだ。

だが組織結成を勧めた権も、やがて町井に解散を促すようになった。町井はこれを不服として、東声会はあくまで思想団体だと反発したという。権は後に東声会について「左翼からの攻撃に対抗する日々でもあった」と擁護しつつ、「結成当時の志とは異なった日々に明け暮れ」たことが「残念でならなかった」と回想した。こうした理想と現実の食い違いが、やがて町井の生涯に大きな影を落としていくことになる。

児玉誉士夫との出会い

町井は民団傘下の在日本大韓体育会の副会長だった一九五四年、第五回サッカーW杯予選に韓国代表を出場させるべく奔走したことがある。選手団の遠征費用を賄うための支援を求めて、町井は在日の財界人や著名人を回っていた。

そんな彼に気前よく分厚い札束を差し出したのが、プロレスラーとしてデビューしたばかりの力道山だ。力道山の秘書を務めた吉村義雄は若い頃から銀座に慣れ親しみ、町井とも面識があった。そうした縁も手伝って、在日を避けていた力道山も町井とは親しく飲み歩く仲になる。やがて大野伴睦をはじめ有力な政治家とのパイプを築いた力道山は、町井が児玉誉士夫と出会うきっかけを作ることになった。

児玉は一九一一年生まれ。戦前に右翼活動を経繰り広げた後、戦中には海軍の嘱託として戦略物資を供給する特務機関を通じて巨額の富を築く。戦後は政治家からヤクザまで動かせる黒幕として政財界に影響力を振るったのは周知の通りだ。朝鮮半島とのつながりも深く、一九六五年の日韓国交正常化でも重要な役割を果たしている。

町井と児玉が出会ったのは一九五九年頃。日韓関係の重要性を説く大物右翼の児玉に、町井は尊敬の念を惜しまなかった。一方の児玉も、反共活動を繰り広げながら祖国に尽くす町井を見込んで面倒を見るようになる。一九六〇年に力道山がリキ・アパートを完成させると、町井と児玉はそこにそれぞれ日韓の要人を招いて国交正常化に向けた密議の場を設けるようになった。

児玉との出会いは思想面にとどまらず、町井の事業家としての活動にも大きな影響を及ぼしている。表社会での成功を目指した町井は一九六三年四月、東亜相互企業と名づけた会社を設立。住宅需要の高まりから活気づく不動産業に参入し、ベッドタウンの造成が始まっていた東京八王子で一〇万坪の土地を約五億円で買い上げた。

町井は育英事業として大学を設立したかったと話しており、実際に大学教授らと下準備もしていたという。だが大学設立は認可が下りずに頓挫。すると町井は土地の半分を不動産会社に売却した後、一年後にこれを買い戻して物流系企業に、また残りの半分を商社に売り払った。町井はこの土地転売で約一〇億円の利ざやを稼ぎ出している。一年の間に土地の緑地指定が解除され、地価が三倍ほどに高騰していたからだ。

濡れ手で粟となったこの土地取引を仲介したのが、児玉だった。児玉は宅地化が認められることを知った上で、転売の話を町井に持ちかけたといわれている。

町井は育英事業が「児玉先生のご意思」と語ったこともある。町井が理想追求のため大学経営に乗り出そうとしたのは、本心だったのかも知れない。だがいずれにせよ児玉の情報に基づく土地転売が、町井が展開する事業の原資となった。町井はまた同じ頃、福島県西白河郡西郷村の白河高原でも土地を取得している。児玉から農水省が払い下げる土地の購入を勧められたためだ。これもほどなく別荘地を販売する不動産業者に転売し、大きな利益を得たという。

四月革命と民団の内紛

町井と児玉の蜜月が始まって間もない一九六〇年四月、韓国では市民デモによる「四月革命」で李承晩大統領が退陣に追い込まれた。韓国では南北和解への期待が一気にふくらみ、在日社会もその期待感に沸く。

だがこの状況に終止符を打ったのが、一九六一年五月に朴正熙らが起こした軍事クーデターだ。実権を握った朴は、民主化、統一運動の参加者を拘束、弾圧した。当時の逮捕者の一人に、民団幹部でジャーナリストの趙鏞寿《チョヨンス》がいる。四月革命の後に渡韓した趙は、現地で『民族日報』を創刊して中立化統一論を展開した。だがクーデター政権は「朝鮮総連の資金で共産主義を広めた」との理由で、同年一二月に趙の死刑を執行している。

朴のクーデター当日、民団では曺寧柱に代わって権逸が新しい団長に選出されていた。事前にクーデターの情報を摑んでいたという権は、「革命政府の絶対支持」を掲げる。

だが民団内部には、これに反発する集団もあった。かねてから李承晩の腐敗政治に批判的だった民団の一部青年らは、四月革命の後に在日大韓青年団を在日韓国青年同盟（韓青）に改編。軍政から民政への移管を要求し、四月革命の完遂を目指した。

これに対して権の民団執行部は、実力行使も厭わずこの反対勢力を排除したとされている。『猛牛〜』によれば、「反対勢力ににらみを利かせ、権逸執行部を守る先頭に立ったのは町井だった」。

クーデターで登場した新しいカリスマ

もう一人、日本でいち早く朴のクーデター政権を正当な韓国政府と認めたのが児玉だ。児玉は様子見をしていた日本の有力政治家を説得し、クーデターから半年後の一九六一年一一月に非公式来日した朴と池田勇人首相の会談を実現させている。こうして日韓国交正常化に向けた水面下の折衝が、朴政権との間で進められていった。

町井は翌一九六二年、自民党幹部の口利きで韓国への渡航許可を手にする。この戦後初の訪韓で、町井は朴の警護隊長だった朴鐘圭《パクチョンギュ》と意気投合した。朴鐘圭は一九六四年から大統領警護室長を務め、朴正熙の最側近として絶大な権力を振るった人物だ。

元日本軍人で強烈な反共主義者だった朴正熙は、町井にとって新しいカリスマとなった。自宅にその肖像写真を掲げ、挨拶を習慣にしていたという。南北が国威発揚を競おうとした一九六四年の東京五輪でも町井は労を惜しまず、多額の資金援助を行いながら朴政権を助けている。

ようやく本格的な経済開発に乗り出した当時の韓国は、まだ極貧状態にあった。そうしたなか町井は東亜相互企業で得た資金を投じて、陸軍士官学校の総合体育館、歩兵師団の福祉センターなどの寄贈まで行っている。児玉も訪韓を重ね、日韓国交正常化の交渉を取り持った。こうして町井と児玉は、朴政権の中枢に食い込んでいく。

町井は一九六六年一〇月、韓国政府から大韓オリンピック委員会委員に選ばれる。また朴政権への支援を認められ、一九六八年一月には韓国の国民勲章の一つ冬柏章を授与された。児玉も日韓国交正常化での功績に対し、一九七〇年八月に朴政権から修交勲章光化章を贈られている。

用済みになった右翼、任侠団体

同じ頃、町井は児玉の仲介で山口組三代目、田岡一雄と兄弟の縁組を結んでいる。児玉は当時、全国の博徒らを団結させる「東亜同友会」を構想していた。六〇年安保闘争の際に大勢の右翼団体、任侠団体を動員した児玉は、これを共産主義への対抗勢力として組織化しようと考えていたわけだ。そして東声会と山口組の縁組を、その呼び水にするつもりだった。東亜同友会は山口組などの支持を得られずに頓挫するが、一連の働きかけで東声会は関東の親分衆から仲間入りを許されてい

僑胞實業家 鄭建永씨

話題뿌리고간「歸國」

이번엔 登攀隊에 2萬弗

故國위한 일은 무엇이든

町井を実業家として紹介する『京郷新聞』(1966年７月13日)。町井は同年６月に竣工した大韓体育会会館にエレベーターを寄贈、またヒマラヤ山脈のダウラギリ峰を目指す韓国遠征隊に２万ドルを寄付したという。嬉々として朴政権に尽くす町井の誇らしげな様子が伝わってくる。町井はまた記事中で反共同胞の前衛組織である東声会がギャングと混同されているとし、「日本のマスコミが韓国人の自分を悪く歪曲している」と語った

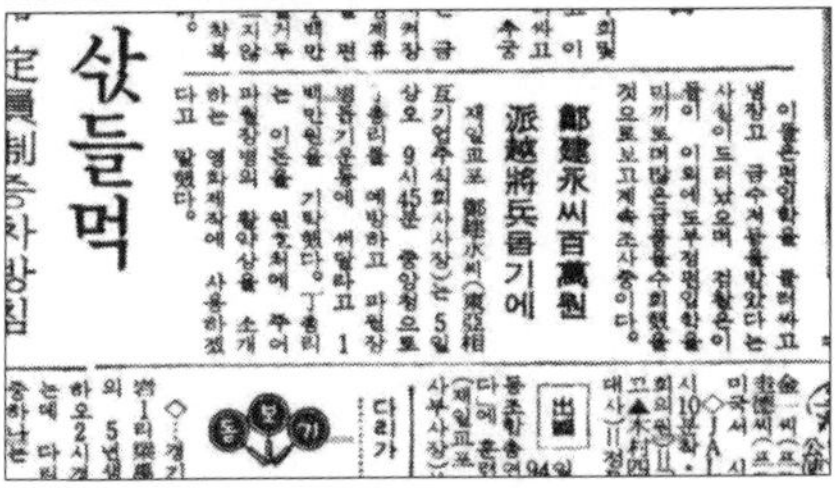

鄭建永씨百萬원

派越將兵돕기에

ベトナムに派兵される韓国兵のために町井が100万ウォン寄付したことを伝える『京郷新聞』(1966年７月５日)

る。そして町井はこの間、暴走した部下の責任を取って小指を失った。

東亜同友会の頓挫は、時代の必然だったともいえる。六〇年安保闘争の頃は治安体制が整っておらず、保守政治家は右翼や任侠団体の力に頼らざるを得なかった。だが全国的に機動隊の整備が進むにつれ、政府は抗争を繰り返す暴力団を放っておけなくなる。こうして警察は一九六四年以降、「第一次頂上作戦」として暴力団に対する大規模な取り締まりを展開した。

そうしたなか、町井が東声会の「解散声明書」を警視庁に届け出たのは一九六六年九月のことだ。町井はこれと前後して、東京を舞台に表社会のビジネスに次々と乗り出していった。同年二月に六本木で五階建ての東亜マンション、また一〇月に銀座で九階建ての第二東亜相互ビルを開業。さらに銀座で高級クラブを次々に開き、最盛期には四〇〇人のホステスを抱えるまでに手を広げた。

また第二東亜相互ビルの開業とほぼ同時期、その四～六階に韓国料亭「秘苑」をオープンする。接客は、歌舞を学んだ韓国の芸者＝妓生にあたらせた。来日した韓国の要人はみなこの秘苑を訪れ、さながら韓国大使館の迎賓館のように利用されたという。

町井はさらに二年後、湯島に「湯島秘苑」を開業。周囲が閑静で人目にもつきにくい湯島秘苑は、日韓要人が会合を持つ奥座敷として重宝された。

湯島秘苑の運営会社社長は元自民党代議士、また一九七二年からは「元法務省横浜入国管理事務所所長」だった人物が務めている。この元所長は、銀座と合わせて四〇人ほどいたとされる妓生の出入国手続きを助けていたようだ。

挫折に終わった石原の遺志

町井が福島県の白河を舞台とする総合レジャー開発計画をまとめたのは、一九六六年五月。ホテル、ゴルフ場ほか各種スポーツ施設、ショッピングセンター、牧場など、東京での事業とは桁違いの計画だ。町井はそれ以前から、困窮する白河の開拓農民を融資で支援していた。だが事業が行き詰まった開拓農民から土地の買い上げを打診され、開発を決意したという。総予算は当時の金額で三〇〇億円超と見積もられた。

日本の銀行は、それまでも在日韓国人の町田に融資しようとしなかった。そこで救いの手を差し伸べたのが、韓国の大統領警護室長だった朴鐘圭、そして朴正熙大統領だ。

町井と親交の厚い朴鐘圭が巨額融資を朴正熙に進言し、一九六七年一月設立の韓国外換銀行に白羽の矢が立った。韓国ではこの巨額融資について、朴正熙や国務総理の丁一権《チョンイルグォン》らも絡む中央政界の女性スキャンダルもみ消しに町井が協力した代償とも噂されている。

かつて日本の陸軍士官学校に留学していた朴正熙は、白河での演習に参加したことがあった。朴の脳裏に刻まれた白河の美しい景色も、融資の決断を後押ししたようだ。こうして一九六八年七月に契約書が交わされ、翌月から韓国外換銀行を通じた融資が始まる。

町井が最初に取り組んだのが、近代農場作りだ。転用許可を受けた約五万坪の農地を使い、革新的な農業の実現という目標を掲げた。

銀座で高級クラブを手広く経営する町井が、なぜ唐突に福島で農業に取り組むのか——。恐らく町井の念頭にあったのは、石原莞爾の晩年と挫折だろう。

石原は敗戦を経て、永久平和の時代の新しい社会建設を模索した。そして「都市解体、農工一体、簡素生活」という理想を実現すべく、一九四六年に故郷の山形県酒田市からほど近い同遊佐町へ移り住む。石原はそこで支持者らとともにやせた砂丘地を開拓し、農業と工業が一体化した共同体の建設を目指した。これが石原が晩年を費やした西山農場だ。

だが事業の資金源と見込んだ電気製塩は、機械の不調で失敗。西山農場での生活は困窮し、当初六〇人ほどいた支持者も次第に脱落していった。そして移住から三年目の一九四九年、石原は六〇歳で病没する。残った有志が西山農場を続けたが、ほどなく自然消滅した。

町井は白河の近代農場を「東亜農公園」と名づける。そして石原が「農業方面における国宝的天才」と評し、東亜連盟運動と関わりのあった農政学者の池本喜三夫をその園長に招いた。あたかも町井は、挫折に終わった石原の遺志を受け継ごうとしていたかのようだ。だがその失敗は、最初から約束されていたも同然だった。

融資を重ねて事業を拡大

この時期、韓国から町井に対してさまざまな事業の提案が持ち込まれた。大韓造船公社の払い下げ、ウォーカーヒルホテルのカジノ運営などは町井の意向で実現しなかったが、自らすすんで引き受けた事業もある。下関～釜山《プサン》間のフェリーがそれだ。

一九〇五年から日本と半島往来の主要な交通を担った関釜連絡船は、戦争末期から運航が途絶えていた。戦後になって下関と釜山の市長が航路開設に合意したのは、一九六八年八月。合意は下関側が運航会社関釜フェリー、釜山側が同じく釜関フェリーを設立して共同運営するという内容だ。韓国側は日本と同等の主権国家という面目にこだわりたい思惑もあったらしい。

だがすぐ株主が集まった下関側と対照的に、釜山側は事業として成り立つ見込みがないとして出資者がほとんど現れなかった。それを見かねて韓国側の出資の肩代わりを申し出たのが町井だ。

こうして一九六九年八月に町井を代表として釜関フェリーが設立され、一九七〇年六月から運航が始まる。ただし現地で懸念されていた通り、開業当初は三〇〇〇トン級の大型船に見合う需要がなかった。また一九七四年一〇月から一九八一年八月まで日本からの自動車搬入が禁止され、事業破綻の危機に見舞われたこともある。ようやく赤字を脱して採算が取れるようになったのは、韓国で海外旅行が自由化された一九八九年以後のことだ。

町井はこの時期にまた多額の融資を受け、アメリカでの石油採掘事業に着手している。投資を支えたのは、韓国外換銀行の支払い保証と児玉の口利きだ。また一九七三年六月には、高級レストラン、サウナ、フィットネスクラブ、クリニックを備えた「ＴＳＫ・ＣＣＣターミナルビル」を六本木で開業。同時に高級会員制クラブ「ＴＳＫ・ＣＣＣ」を立ち上げた。七〇〇〇人を集めたというその開業レセプションには、当時の人気芸能人も大勢駆り出されたという。

三人が死んだ文世光事件

韓国で日本からの自動車搬入が禁止されたのは、文《ムン》世《セ》光《グァン》事件の影響だ。

文世光は一九七四年八月、朴正熙を狙って二発の銃弾を発射する。いずれも的を外し、二発目がそばにいた大統領夫人陸英修《ユクヨンス》の頭を撃ち抜いた。

文は一九五一年に大阪府で生まれた在日韓国人だ。韓国籍を持ち民団にも加入していたが、早くから金日成《キムイルソン》や毛沢東に傾倒していたといわれる。

事件当時二二歳だった文が犯行に至った経緯は、日韓の警察がそれぞれ異なった説明をしている。韓国側によると朝鮮総連が文に接触して暗殺を煽動、資金も提供したという。これに対して日本側によると、文が暗殺を決意したのは所属する在日韓国青年同盟（韓青）が朴政権打倒のスローガンを掲げたのがきっかけだった。資金は日本人が提供したとしている。

韓青はかつて町井が幹部を務めた在日大韓青年団を前身とし、一九六一年に朴正熙の軍事クーデターを批判した青年グループだ。また前述の通り、権逸の執行部と対立した韓青の排除で活躍したのも町井だった。同じ国籍でともに民団と関わった町井と文は、それぞれ両極の理想に向かって突き動かされていたわけだ。

犯行に使った拳銃は、一九七四年七月一八日に大阪市中央区の派出所から盗んだ。文は翌月六日に大阪から韓国へ渡り、ソウル市内のホテルで八月一五日を待つ。大統領が参列する「光復記念式

1974年8月21日 The Dong-A Ilbo 第16274號

東亞日報

朴鍾圭警護室長 辭表수리

大統領저격事件 引責 後任에 車智澈議員내정

洪内務辭表도 受理

後任엔 朴璟遠씨

金總理등 나머지辭表는 반려

"所任이 무엇인가 確實히認識토록" 朴大統領지시

이것이 被擊의 순간이다

TV카메라에잡힌 생생한現場

뛰어나오는 警護室長

朴大統領 避身순간

쓰러지는 陸女史

日「責任발뺌」은 해괴

日政府의 公式態度 아니길믿는다

搜査協力으로 저격眞相 철저糾明

國會세常委 26日소집

議員職辭表 제출 車智澈의원

新民 내일全黨大會

새黨首選出로 黨의進路가름

責任인정 困難

日外務省, 從前입장固守

두통 치통 생리통에 사리돈

朴鍾圭の辞任を伝える『東亜日報』(1974年８月21日)。左の連続写真は銃撃の瞬間。左端の演台の後ろにいるのが朴正熙、左から舞台中央に駆け出す人物が朴鍾圭、そして中央で体勢を崩す白い服の女性が陸英修典」が開かれる日だ。そして当日、ソウルの国立劇場で観客席三列目からステージに駆け寄り、拳銃を撃った。事件では陸のほかに、合唱団の一人としてその場にいた一六歳の少女が死んでいる。文に応射した警護員の流れ弾にあたったからだ。

文は日本大使館職員を名乗って会場に入ったという。だが招待客だけが参加できた式典、それもステージの間近に、拳銃を持った文が侵入できたことを訝しむ声も絶えない。現行犯逮捕された文は同年一二月一七日に死刑判決が確定し、三日後に絞首刑が執行された。

文が渡韓に使ったのは旅客機だが、フェリーで運ばれる自動車は拳銃など武器の隠し場所として目をつけられた。そこで自動車の搬入が七年弱にわたって禁止され、釜関フェリーの経営を圧迫したわけだ。また朴正熙の側近で町井と親しかった朴鐘圭も、この事件に人生を狂わされている。朴鐘圭は大統領警護室長としての任務を果たせなかったことから辞表を出し、事件の六日後に受理された。後任の車智澈《チャジチョル》が、ライバル関係にあった中央情報部部長の金載圭《キムジエギュ》によって朴正熙とともに射殺されるのは、それから五年後のことだ。

児玉との決別

この血なまぐさい事件をはさんで、町井の人生はほころびが噴出していく。

白河での開発は農地の宅地転用を行政に阻まれ、計画が停滞していた。『猛牛〜』によると、交渉にあたった東亜相互企業の担当者は町井の出自が役所を渋らせている空気を感じていたという。

東亜農公園では、池本が採算を度外視してヨーロッパから高価な農耕用機械を次々に買い入れていた。同書では、当時の東亜相互企業関係者が「なんでこんな馬鹿なカネの使い方をするのか」「運営はむちゃくちゃ」と振り返っている。だが町井は「池本先生の思う通りにやらせろ」と言って聞く耳を持たなかったそうだ。

法外な内装費が関係者を呆れさせたTSK・CCCも、開業一年で経営が行き詰まっていた。町井の叱責を恐れた部下は、会員数を水増しして報告していたという。一九七四年はまた、第一次石油ショックの影響で日本経済が大混乱を来たした年だ。町井が手がけるレストラン、クラブ、料亭も次々と経営不振に陥り、多くが閉店を余儀なくされた。

そして一九七六年二月、ロッキード事件が発覚する。米航空機メーカーのロッキード社は各国に秘密代理人を置いて工作資金を提供し、政界要人に旅客機や軍用機の売り込みを働きかけていた。日本でこの秘密代理人を務めていたのが児玉だ。児玉はロッキード社から七〇〇万ドル（約二一億円）の資金を受け取り、その一部が政界の裏金として流れていた。児玉は病気を理由に証人喚問を欠席したまま、一九七六年三月に脱税、同年五月に外為法違反で起訴されている

東京地検はかねてから児玉を巡る不透明な資金に目をつけており、町井の白河での開発事業も捜査の俎上に上がっていた。そして一九七六年二月に米上院で行われたロッキード社の公聴会を機に、一気に疑惑が顕在化。町井も児玉の側近としてマスコミの標的となり、一九七三年の金大中《キムデジュン》拉致事件に関わったかのような疑惑まで提起された。

そして一九七六年七月には、東亜相互企業が疑惑の表舞台に立たされる。土地開発の規制を巡り、福島県職員への贈賄容疑で同社関係者が逮捕されたのだ。福島の汚職事件は翌月、県知事だった木村守江の逮捕にまで発展した。木村は、戦中に軍医として南京事件に関わった経歴を持つ自民党政治家。福島県知事として原発誘致にとりわけ積極的だったことで知られている。児玉側近の会社を巡るこの事件は、「福島版ロッキード事件」として当時のマスコミを賑わした。

取引は実現しなかったが、児玉は韓国でも秘密代理人として工作資金を手にする約束をロッキード社と交わしている。同社の旅客機トライスターを大韓航空に二～六機売り込むことで、児玉は三七五万ドルを手にするはずだった。大韓航空の大株主は、やはりロッキード事件で逮捕された政商、小佐野賢治だ。

「私利私欲を捨てて日韓友好のために奔走している」愛国者――。そう信じて児玉に心酔していた町井。だが実態は、アメリカの手先となって町井の祖国も金づるにしようとした政治ブローカーだった。事件に憤慨した右翼青年がセスナ機で児玉が療養する自宅に突っ込み死亡したのは、一九七六年三月のことだ。町井もロッキード事件以後、あれほど師と仰いだ児玉と袂を分かった。

計画だけで終わった白河の夢

「日本不動産銀行、外換銀行に弁済要求」。

こんな見出しの記事が韓国紙『東亜日報』に載ったのは、一九七七年三月四日。前日に日本の国

大韓航空への売り込みを巡るロッキード社と児玉誉士夫の取引を伝える『ニューヨーク・タイムズ』(1976年３月１日)

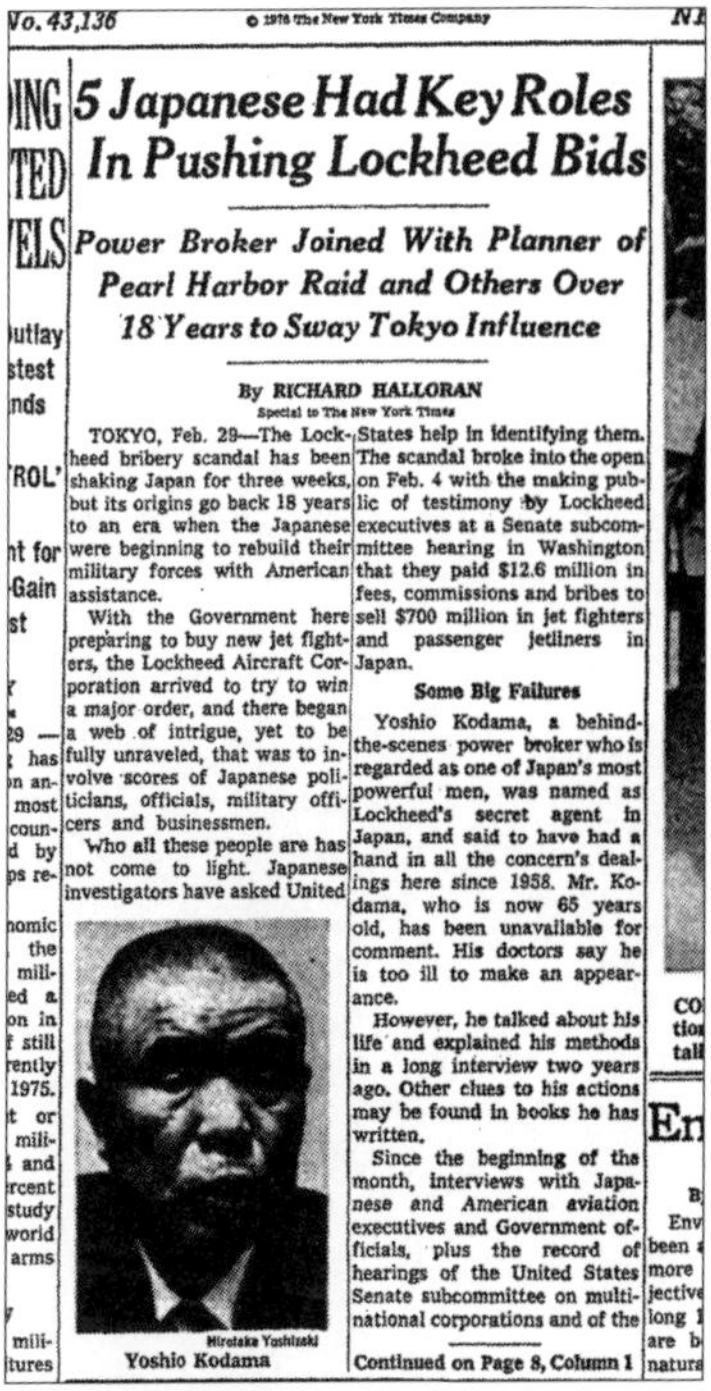
No. 43,136 © 1976 The New York Times Company

5 Japanese Had Key Roles In Pushing Lockheed Bids

Power Broker Joined With Planner of Pearl Harbor Raid and Others Over 18 Years to Sway Tokyo Influence

By RICHARD HALLORAN
Special to The New York Times

TOKYO, Feb. 29—The Lockheed bribery scandal has been shaking Japan for three weeks, but its origins go back 18 years to an era when the Japanese were beginning to rebuild their military forces with American assistance.

With the Government here preparing to buy new jet fighters, the Lockheed Aircraft Corporation arrived to try to win a major order, and there began a web of intrigue, yet to be fully unraveled, that was to involve scores of Japanese politicians, officials, military officers and businessmen.

Who all these people are has not come to light. Japanese investigators have asked United States help in identifying them. The scandal broke into the open on Feb. 4 with the making public of testimony by Lockheed executives at a Senate subcommittee hearing in Washington that they paid $12.6 million in fees, commissions and bribes to sell $700 million in jet fighters and passenger jetliners in Japan.

Some Big Failures

Yoshio Kodama, a behind-the-scenes power broker who is regarded as one of Japan's most powerful men, was named as Lockheed's secret agent in Japan, and said to have had a hand in all the concern's dealings here since 1958. Mr. Kodama, who is now 65 years old, has been unavailable for comment. His doctors say he is too ill to make an appearance.

However, he talked about his life and explained his methods in a long interview two years ago. Other clues to his actions may be found in books he has written.

Since the beginning of the month, interviews with Japanese and American aviation executives and Government officials, plus the record of hearings of the United States Senate subcommittee on multinational corporations and of the

Hirotaka Yoshizaki
Yoshio Kodama

Continued on Page 8, Column 1

韓国外換銀行が日本不動産銀行から弁済を求められていると伝える『東亜日報』(1977年３月４日)

鄭建永씨의 貸出金54億圓

外換銀에 辦償要求

日本不動産銀

行政首都建設은 長期的計劃필요

全經聯 토론회

会で行われた質疑に基づく報道だ。質疑によると日本不動産銀行が韓国外換銀行の信用保証に基づき、一九七一〜七三年に東亜相互企業に五四億円を融資した。だが二億円しか返済されず、不動産銀行は残り五二億円の弁済を韓国外換銀行に求めたという。

一九六八年に朴鐘圭の口利きで始まった、韓国外換銀行から東亜相互企業への融資。その残高は一九七七年時点で、担保評価額八八億円に対し約一五五億円に上った。また東亜相互企業が振り出した合計一〇億円ほどの手形が、韓国外換銀行の東京支店で次々と決済されていたという。韓国政界では町井への支援続行を求める声もあったが、韓国外換銀行の財務体質にはすでに深刻な影響が及んでいた。

朴政権が支援打ち切りを決めてから間もない一九七七年六月二日、東亜相互企業は八〇〇〇万円の不渡り手形を出して銀行取引停止処分となる。同じ日には、病気を理由に証人喚問を拒んでいた児玉が初めて裁判所に出廷した。

韓国外換銀行への債務も含めた東亜相互企業の負債総額は、三三四億円。その後は東京地裁の勧告を受けて自力再建を目指し、翌一九七八年には西武グループ主導で白河の開発継続が決まる。町井は朴正煕に託されたこの事業を「『このまま放り出せば、祖国に一生、顔向けできなくなる』と思い悩んでいたという」(『猛牛〜』)。

その朴正煕が暗殺されたのは、翌一九七九年一〇月のことだ。あらゆる後ろ盾を失った町井はやがて心臓を患い、外出も控えるようになったという。

白河での開発は、福島県が頑なに事業を認可しないまま時間だけが過ぎていった。一九八三年からは、しびれを切らした韓国外換銀行と東亜相互企業の間で訴訟の応酬が始まる。そんな状況を見て、西武グループも町井の期待に沿うような関与を控えたようだ。こうして白河の開発は結局、計画だけで終わることになった。

消え去った理想

東亜相互企業が不渡りを出してすぐ、評論家の上之郷利昭は町井に取材を申し込んでいる。病床にあった町井はこれを固辞したが、仲介者を通じてあるエピソードを伝えてきた。それは町井が戦後初めて渡韓し、現地記者から所感を求められた時の話だ。町井はそこで「韓国が解放されたことは嬉しいが、同時に日本が負けたことは悲しい」と答えたという（『週刊文春』一九七七年六月二三日号）。この発言はもちろん、韓国で袋叩きにあった。

上之郷は、わざわざこのエピソードを伝えてきた町井の真意を計り兼ねている。売国奴と罵られる児玉と異なり、自分は真の国士だと強調したかったのだろうか。

一九八四年一月に児玉が急性心不全で他界し、ロッキード事件を巡る公訴が棄却された。同じ年の七月に町井も心筋梗塞で倒れ、以後いっそう体が衰えるようになったという。その翌年一二月には町井より七歳年下の朴鐘圭が、五六歳の若さで世を去った。死因は肝臓癌だ。

町井はほどなくバブル経済による地価高騰で再起を図るが、投機の狂奔は彼を置き去りにして通り過ぎた。ヤクザという過去が資金調達の道を閉ざしたからだ。

町井が心不全で没したのは、二〇〇二年九月。韓国外換銀行は東亜相互企業が持っていた資産の抵当権を売却し、白河の土地も六本木のビルも人手に渡った。石原莞爾の遺志を継ぐかのように町井が入れ込んだ東亜農公園は、かつて牧草地だった草むらなどわずかな痕跡しか残っていない。町井が敷設させた六・二kmの道路はアスファルトがひび割れ、舗装の隙間から雑草が生い茂る。

東アジアが一つになる——。日本の軍国主義を揺籃とした東亜思想は、日本統治下にあった朝鮮人の一部を魅了し、その一人だった町井も半生を捧げた。東亜思想は東アジア共同体などと名前を変えつつ、保守派の流れを汲む政治家が命脈を保っている。

かつての構想のなかで、東アジアの盟主の座にあったのは日本だ。だが町井が晩年を迎えた頃から、共産党が指導する中国が取って代わるようになった。中国がアメリカと比肩する大国となる一方で日中、日韓の溝が深まるいま、この流れはもう不可逆的だろう。町井らが信じた軍国主義日本の理想は、わずかな痕跡だけを残して過去に消え去りつつある。

インタビュー◉石垣朝鮮集落の記憶

鄭《ちょん》義《うぃ》信《しん》

脚本家・映画監督　一九五七〜
兵庫県姫路市出身　二世

姫路城の石垣に住んだ人々

ＪＲ姫路駅から北へ、幅四〇ｍの大手前通りが真っ直ぐ伸びている。その遥か先に小さく見える白い城郭が、姫路城だ。大手前通りは一〇分ほど歩いたところで、街を東西に貫く国道二号線と交差する。この二号線の北側沿いに続く石垣が、かつての城壁だった南部土塁だ。

大手前通りの西側には、石垣のすぐ裏に小・中併設の公立校がある。石垣とこの学校の隙間、現在は遊歩道になっている細長い空間に、かつて百世帯以上が暮らしたバラックの集落があった。敗戦直後の混乱期、住む家を持たない人々が寄り集まって小屋を建て出したのが始まりだ。

父が戦後すぐ、醤油屋の佐藤さんからそこの土地を買ったと言うんです。石垣に接した一角を。とはいうものの、権利書も何もない。それにあそこは国有地だから、勝手に売り買いできませんよね。でも父はちゃんと佐藤さんにお金を払ったと主張している（笑）。そんなわけで、うちの家族があの集落に住むようになったんです。

集落の住人は、在日コリアンと日本人が半々くらい。僕がそこで暮らし始めたのは、幼稚園に上がる少し前でした。僕は男ばかり五人兄弟の四男で、高度成長の時代で家業の屑鉄屋が忙しく、幼稚園までは母方の祖母に預けられていたんです。集落に移ってからは、高校を出るまでそこにいました。

集落の目の前が学校でしょう。当時は幼稚園、小学校、中学校が並んでいて、家を出たらすぐ校門だったんです。同じ集落から通う同級生も、何人かいました。もっともかなり大きな集落でしたから、顔見知りじゃない家もたくさんありましたけど。学校ではみんな僕があそこの鄭さんとこの子だと知っていましたから、在日であるということを隠したりもしませんでした。

集落にはお店や食堂もありました。同級生の女の子の家がやっている食堂とか、在日のおばちゃんがやっているホルモン焼き屋とか。うちでも月に一度くらい、そこからホルモンを買ってきて、家で焼いて食べていました。

鄭義信《ちょんうぃしん》は一九五七年、兵庫県姫路市に生まれた。劇団「黒テント」を経て一九八七年から一九九六年まで、劇団「新宿梁山泊」で専属の脚本家として活動。一方で映画『月はどっちに出ている』(一九九三年)でキネマ旬報ベスト・テン脚本賞、寺山修司の没後一〇周年記念公演の戯曲『ザ・寺山』(同)で岸田國士戯曲賞を受賞した。その後も映画『愛を乞うひと』(一九九八年)『血と骨』(二〇〇四年)をはじめ、演劇、映画、テレビと幅広い媒体で精力的に創作を続けている。二〇一四年には紫綬褒章も受賞した。

二〇〇八年に芸術選奨文部科学大臣賞を受賞、二〇一八年六月には映画版も公開された舞台『焼肉ドラゴン』は、不法占拠のバラック建築でホルモン焼き店を営む在日一家が主人公だ。その風景は、鄭の育った石垣の集落がよく再現されているという。

集落に住んでいた時は、ずっと出たいと思っていました。向上心のない、だらしない大人たちがいやだったんです。でも自分が大人になったら同じようなだらしない人間だったとよくわかったので、あれはあれでよかったんだと思うようになりました（笑）。

住人の多くは日雇い労働者のような、最下層の人たちでした。集落で一番羽振りがよかったのは、うちだったかも知れません。父は廃品回収業、いわゆる屑鉄屋をしていました。関西では「寄せ屋」って呼びますね。貧しいおじさんたちが拾ってきた段ボールや古雑誌をうちに持ち込んで、お金に換えるわけです。ところが彼らは午前中にそうやってお金を手にすると、午後はもう働かないで飲んでいるんですよ。

住み込みの従業員でもないのに、うちの倉庫で寝泊まりしている、足の悪いおっちゃんもいました。道端に乗り捨てられた廃車を寝ぐらにしていた人もいました。僕が小学生の時、足の悪いおっちゃんが、岡山の故郷に帰ると言ってリヤカーを引いて集落を出ていったことがあります。みんなで送り出したのですが、しばらくすると戻ってきた。途中の上り坂がきつかったので、帰るのを止めたというんです。なんていい加減な大人なんだろうと、子供心に呆れました（笑）。

近くに仲のいいお年寄りの夫婦がいて、幼い頃よく遊んでもらっていました。ところが奥さんだと思っていたおばあさんが実は内縁の妻で、若い男と駆け落ちしてしまったんです。おじいさんはしばらく一人で暮らしていましたが、故郷の沖縄から息子が迎えに来て集落を去っていきました。またみんな大っぴらには語りませんでしたが、娼婦をやっているおばさんもいた。リリーさんっていう男娼もいましたね。ほかに初代化け猫女優の乳母だったというおばあさんもいました。ある時その女優が何かで乳母のところへ逃げてきて、マスコミも追っかけてきて、集落が騒然となったのを覚えています。

「故郷」の原風景

鄭が幼稚園へ上がるまで祖母と暮らしていたのは、霊園で知られる名古山にあった集落。そこは石垣集落と異なり、敗戦前からあった朝鮮人だけの集住地だ。名古山は、姫路城の西に位置する高台。近くに赤十字病院、少年刑務所、そして火葬場があった。鄭はよく一人で丘に登り、火葬場の煙突から煙が上るのを眺めたという。鄭は別のインタビューで、兄弟四人が理系に進むなか自分だけ文系を選んだのは、名古山の集落で暮らした体験のせいだと話している。

祖母は釜山《プサン》の近くの生まれです。一四歳の時、日本にいた祖父と結婚するため一人で海を渡りました。これがお前の夫になる人だよと、会ったこともない祖父の写真だけ見せられて。祖父は無頼な生活を送っていたそうで、祖母はすぐ働かなくてはいけませんでした。祖母は母を含めて四人の娘を生みましたが、祖父はまだ子供が幼いうちに日本人の妾の家で腹上死したそうです。祖母の次女、つまり僕の母も小学校を出るとすぐ紡績工場で働いて家計を助けました。

母が父と結婚したのは、一六歳の時。母の姉、つまり長女はもう嫁に行っていたんですが、父は母の妹二人と祖母を引き取って面倒を見ていました。

父は誠実、堅実に戦後の混乱期を生き抜いた人です。生まれは韓国の忠清南道《チュンチョンナムド》にある論山《ノンサン》という田舎町。一五歳の時、やはり一人で日本へ来ました。学校帰りに鞄を持ったままふらりと海を渡ったそうです。当時でも渡航手続きが必要だったと思うんですが、大丈夫だったと言っていました。

父は真面目で向学心があった。日本の教育を受けて帰れば成功者になれるという夢を持っていたんだと思います。広島の米問屋で丁稚奉公をし、自動車の免許証も取りました。経営者の日本人にかわいがられ、だいぶよくしてもらったようです。

父は広島高等師範学校（現広島大学）の教育学部に進みました。二年の時に戦争が始まったので、やむなく中退したんです。それから、東京の陸軍中野学校を受験して合格して、父は日本軍の憲兵になったんです。

戦争が終わると鄭の父は姫路で土地を買い、精米所で生計を立てる。間もなく故郷へ帰ろうと船を手配し、土地を売り払って全財産を積み込んだ。ところが伯父だけが乗って先に日本を発ったところ、船が沈没してしまう。こうして全財産を失った一家は、石垣集落に身を寄せることになった。祖母はそのまま故郷に戻ることなく、鄭が二三歳の時に他界。そして一五歳で渡日した父が故郷の土を踏むまで、半世紀近い歳月が流れた。

韓国へ行こうという話はよく持ち上がっていたんですが、いつも父が難癖をつけてお流れになっていた。憲兵だった父は対日協力者と見なされ、韓国で裏切り者扱いされていたんです。父方の祖父の墓も共同墓地にさえ入れてもらえず、卒都婆のようなものが立っているだけでした。韓国を訪れた両親がそれを見たのは、父が日本へ渡って五十年以上経ってからのこと。長男だった父は大泣きして、墓を作り直しました。それからはよく韓国に足を運んで、墓参りしていましたね。対日協力者とされた人たちが、韓国国内で、戦争の犠牲者として正式に復権が認められたのは、実は最近になってからのことなんです。

父は数年前に亡くなりました。僕は父の故郷で、生家を探したことがあるんです。父の生家は薬問屋だか、雑貨屋のような商売をしていたと聞いていました。でも親戚もおらず、兄弟もみんな亡くなって、手がかりが全くない。生家があったらしいところは、墓地のようになっていました。父が生きていた痕跡は結局、何一つ見つかりませんでした。

『赤道の下のマクベス』は鄭が韓国明洞《ミョンドン》芸術劇場のために書き下ろし、二〇一〇年に韓国語で初演された戯曲だ。二〇一七年には大幅に改訂された日本語版が、東京新国立劇場で初演された。主人公は、日本人が連合軍捕虜らを虐待した泰緬鉄道の建設現場で捕虜監視の任務にあたった朝鮮人軍属三人。彼らは日本人三人とともにBC級戦犯としてシンガポールの刑務所に収監され、全員が死刑を宣告される。この物語の根底にあるのが、鄭自身の父の体験だ。

父の思い入れとアイデンティティ

鄭の父は創氏改名の時、ささやかな抵抗をした。鄭を日本式に読んだ音読みの「てい」に漢字をあて、「手井《てい》」という奇妙な名前を考案したという。戦後はずっと朝鮮籍のままで通し、在日本朝鮮人総聯合会（朝鮮総連）の活動に参加した。韓国籍に変えたのは、九〇年代を過ぎて訪韓を決意してからのことだ。

父は朝鮮籍に対する思い入れがあったと思います。もともと朝鮮籍だったのに、なんで変えなきゃいけないいんだという気持ちでしょう。

僕自身は文学や映画をきっかけに、高校生の頃から民族意識のようなものがちょっと目覚めたりしました。軍事政権を批判して投獄された韓国の詩人で金芝河《キムジハ》という人がすごく脚光を浴びていた時期で、その影響もありましたね。またジョニー大倉さんが『異邦人の河』（一九七五年）という映画に、朴雲煥《パクウナン》という本名で出演したでしょう。あれで僕も感化されて、それまで「てい」と名乗っていた苗字の読みを「ちょん」に改めるきっかけになりました。

ただし父は、子供を朝鮮、韓国系の学校に入れようとはしなかった。日本で生きていくんだから、日本の教育を受けろという考えだったんです。だから兄弟はみんな日本の公立校出身。また朝鮮人が安定した仕事に就くには手に職が必要だと考えていて、僕以外の兄弟四人をみな理系に進ませました。兄のうち二人は薬剤師と歯科医、弟も埼玉で医師をしています。
でも僕が進んだのは、同志社大学の文学部。朝鮮人が文学部に行ってどうするんだと、父と大喧嘩になりました。しかも行きたいの一点張りで押し通したのに、二年で中退しちゃった（笑）。さらに映画の学校に行きたいと言ったものだから、父はもう怒髪天でしたね。

大学中退後、鄭は京都でアルバイトしながら二年ほど過ごす。映画浸りになったのがこの時期だ。土曜の昼から大阪で二本立て、京都に帰ってオールナイト五本立て、その翌日にまた二本立てを見た。やがて映画の道を志し、今村昌平が設立した横浜放送映画専門学院（現日本映画大学）へ進む。当初は美術を志望していたが、徐々にシナリオの才能が評価され始めた。

夏休みにシナリオを書くという宿題があったんです。自分の貧乏話を題材にした話を書きましたが、特に体験談を描きたいという考えはなかった。自分のアイデンティティ、傷、トラウマみたいなのを描くのは、僕は大嫌いなんです（笑）。だから最初から物語を書こうと思った。その時のシナリオが担当教官だったプロの脚本家に気に入られ、弟子入りした時期もあります。
映画学校を出てから松竹の撮影所で美術助手をしていた頃、在日の先輩に誘われて劇団「黒テント」と関わり始めました。そこで書いた処女作の戯曲が岸田國士戯曲賞の候補になって、「これは神様が演劇の道へ進め」ということなのかなと、芝居に打ち込むようになりました。ただその後も五回ほど候補になったものの受賞はなかったのですが、映画『月はどっちに出ている』の脚本で初めて賞をもらった。なので「これは映画の道へ進め」ということなのかなとまた思い直したんですが、同じ年に『ザ・寺山』で岸田國士戯曲賞を受賞した。「これは神様が二足のわらじで行け」ということだなと（笑）、周りに流されるままやってきた感じです。

韓国で共感を集めた『焼肉ドラゴン』

『焼肉ドラゴン』は、新国立劇場と韓国の劇場「芸術の殿堂」のコラボレーション作品として企画された戯曲だ。時代は一九六九年から一九七一年。空港近くのバラック集落で焼肉屋を営む在日韓国人の家族が、集落の立ち退きで離散するまでが描かれる。二〇〇八年四月に新国立劇場で初上演され、熱狂的な賞賛を集めた。

一九七〇年の大阪万博で空港の滑走路が一つ増えることになったんですが、それに従事した労働者は、九州で炭鉱が閉山になって流れてきた人たちだったという話を聞いて、まさに目から鱗でした。華やかな万博の陰で、日本の大きなターニングポイントとなった時代を支えていたのは、彼らのような名もなき労働者でした。

『焼肉ドラゴン』ではそうした日本の転換期、高度成長のなかで消えていく家族を描きたかった。七〇年代のあの繁栄から取り残された人々がいる。でも、ノスタルジックできれいな世界にしたくはなかった。健気でも、美しくもないけど、どっこい生きてるぞ、みたいな。
父は生前、僕の仕事についてほとんど語らなかった。でも韓国で『焼肉ドラゴン』の上演を見た帰り道、タクシーのなかでぼそっと言ったんです。「よかった」と。でも「あまり自分を売るな」とも言っていました（笑）。父が亡くなった後、僕の新聞記事のスクラップが出てきたんですよ。何も言わなかったけど、ちゃんと見ていてくれたんですね。

韓国での上演は二〇〇八年五月。鄭は上演前に韓国の新聞記者から、「日本で受けても、韓国では受けない。韓国人は在日について知らないから」と言われたという。だが記者の予想に反して、『焼肉ドラゴン』は韓国で日本以上に大きな反響を呼んだ。鄭は舞台で描かれる大家族の離散が、核家族化が急速に進む韓国の世相と重なって共感を集めたと分析している。日本では七〇年代を知る高年齢層に受けたが、韓国では家族の変容に直面する若い層が支持した。

確かに韓国人は在日についてよく知りません。彼らの在日に対するイメージはものすごい金持ちか、貧乏人かというくらい。父の弟が健在だった時に何十年ぶりかでつき合いが再開したことがありましたが、その親類が次々とうちを訪ねてきてはお金を無心するんです。新婚旅行で来たから金をくれとか。こっちは結婚式に呼ばれてもいないのに。人のいい父がついに切れて、つき合いを絶ってしまうほどでした。

僕は韓国でも芝居を作り続けていますが、韓国人と接していると自分がすごく日本的であるのが分かります。ずっと日本で暮らして日本の教育を受けてきたのだから、そうなるのも当然でしょう。韓国人に寄り添いたいと思うけれど、どうしても相容れない部分がある。言葉もネイティブじゃないし、考え方も違う。韓国人も僕を日本人と認識しているでしょうね。

韓国の文化は日々新しくなっていきますが、在日の間で伝わっている風習は昔のまま。チェサ(祭祀)という法事も一世が渡ってきた時から変わらないので、いまの韓国でやるのよりすごくオールドスタイル。在日社会がもう別個の文化圏になっているわけです。

一方で僕の作品は日本語で書かれていて、誰がなんて言おうが日本映画、日本演劇です。でも僕は在日で日本人じゃない。だけど、両方の文化を享受することができるって考えると、愉快じゃないですか。ダブルカルチャーを素直に受け入れて、面白がって生きていく。韓国でも日本でも、韓国人か日本人かは関係なく、一緒に芝居を作りながらそれを楽しんでいく。それは、むしろ幸運だと、僕は思っています。

作品のモデルとなった石垣集落は、姫路市の史跡整備事業にともなって一九八五年度から立ち退きが開始。一九九二年三月に全ての撤去が完了した。この時に立ち退きの対象となった家屋は、一四三軒だ。

空っぽの遊歩道になった空間には、小中学校の子供たちの声が石垣に反響している。かつて北本町と呼ばれた集落の地名も地図から消え、朝鮮と日本の間に横たわる一つの歴史が終わった。だがその記憶は物語に形を変え、双方の人々に語り継がれている。

主要参考文献

『〈在日〉という生き方 差異と平等のジレンマ』朴一著／講談社
『「在日」の精神史2 三つの国家のはざまで』尹健次著／岩波書店
『「在日」の精神史3 アイデンティティの揺らぎ』尹健次著／岩波書店
『「在日企業」の産業経済史 その社会的基盤とダイナミズム』韓載香著／名古屋大学出版会
『「知的野蛮人」になるための本棚』佐藤優著／PHP研究所
『NHK 知るを楽しむ 私のこだわり人物伝』第四巻第六号／NHK出版
『Sports Graphic Number』70号／文藝春秋
『アンドレアスの帽子 舞台のある風景』鄭義信著／丸善
『キャロル 夜明け前』ジョニー大倉著／主婦と生活社
『キャロル 夜明け前 第2章』ジョニー大倉著／青志社
『コリアン世界の旅』野村進著／講談社
『ザイニチ魂！ 三つのルーツを感じて生きる』鄭大世著／NHK出版
『ジャパニーズ・ロック・インタビュー集 時代を築いた20人の言葉』越谷政義著／ティー・オーエンタテインメント
『ジョニー大倉ラストシャウト！』森永博志著／KADOKAWA
『スター誕生 ひばり・錦之助・裕次郎・渥美清そして新・復興期の精神』吉田司著／講談社
『マルハンはなぜトップ企業になったか？ 素人発想の「現場力」が強い組織を作る』奥野倫充著／ビジネス社
『もう一人の力道山』李淳馹著／小学館
『われ生きたり』金嬉老著／新潮社
『僕たちのヒーローはみんな在日だった』朴一著／講談社
『北朝鮮版 力道山物語』キム・テグォン著／柏書房
『十六歳漂流難民から始まった2兆円企業』韓昌祐著／出版文化社
『在日マネー戦争』朴一著／講談社
『在日二世の記憶』小熊英二、高賛侑、高秀美著／集英社
『在日朝鮮人 歴史と現在』水野直樹、文京洙著／岩波書店
『在日朝鮮人企業活動形成史』呉圭祥著／雄山閣出版
『在日韓国人の底力 21世紀へ向けて〝韓国系日本人〟の確立を』植田剛彦著／日新報道
『夫・力道山の慟哭 没後40年 未亡人が初めて明かす衝撃秘話』田中敬子著／双葉社
『将軍様の錬金術 朝銀破綻と朝鮮総連ダークマネー』金賛汀著／新潮社
『巨怪伝 正力松太郎と影武者たちの一世紀』佐野眞一著／文藝春秋
『帰国船 北朝鮮 凍土への旅立ち』鄭箕海著／文藝春秋
『張本勲 もう一つの人生 被爆者として、人として』張本勲著／新日本出版社
『強者としての在日 経済の目で見た全く新しい視点の在日論』辺真一著／ザマサダ
『徐兄弟 獄中からの手紙 徐勝、徐俊植の10年』徐俊植著／岩波書店
『徐勝「英雄」にされた北朝鮮のスパイ 金日成親子の犯罪を隠した日本の妖怪たち』張明秀著／宝島社
『獄中19年 韓国政治犯のたたかい』徐勝著／岩波書店

『悪役レスラーは笑う「卑劣なジャップ」グレート東郷』森達也著／岩波書店
『日本テレビとＣＩＡ　発掘された「正力ファイル」』有馬哲夫著／宝島社
『日本代表・李忠成、北朝鮮代表・鄭大世　それでも、この道を選んだ』古田清悟、姜成明 著／光文社
『日本国籍を取りますか？　国家・国籍・民族と在日コリアン』白井美友紀編／新幹社
『日本経済をゆさぶる在日韓商パワー』間部洋一著／徳間書店
『昭和プロレス正史』斎藤文彦著／イースト・プレス
『朝を見ることなく』呉己順さん追悼文集刊行委員会著／社会思想社
『朝鮮総連 その虚像と実像』朴斗鎮著／中央公論新社
『木村政彦はなぜ力道山を殺さなかったのか』増田俊也著／新潮社
『松田優作 炎 静かに』山口猛著／光文社
『松田優作 遺稿』山口猛編／立風書房
『松田優作、語る』松田優作著、山口猛編／筑摩書房
『松田優作と七人の作家たち『探偵物語』のミステリ』李建志著／弦書房
『越境者 松田優作』松田美智子著／新潮社
『蘇る松田優作』大下英治著／廣済堂出版
『橋を架ける者たち 在日サッカー選手の群像』木村元彦著／集英社
『歴史教科書 在日コリアンの歴史』在日本大韓民国民団中央民族教育委員会著／明石書店
『民族でも国家でもなく 北朝鮮・ヘイトスピーチ・映画』李鳳宇、四方田犬彦著／平凡社
『永遠の挑発 松田優作との21年』松田麻妙著／リム出版新社
『海峡 ある在日史学者の半生』李進熙著／青丘文化社
『海峡を渡るバイオリン』陳昌鉉著／河出書房新社
『猛牛（ファンソ）と呼ばれた男「東声会」町井久之の戦後史』城内康伸著／新潮社
『男気万字固め』吉田豪著／幻冬舎
『知っていますか？ 在日コリアン 一問一答』川瀬俊治、郭辰雄著／解放出版社
『石原莞爾 その虚飾』佐高信著／講談社
『祖国と母国とフットボール ザイニチ・サッカー・アイデンティティ』慎武宏著／武田ランダムハウスジャパン
『私の戦後70年』北海道新聞社編／北海道新聞社
『私戦』本田靖春著／河出書房新社
『立原正秋 追悼』白川正芳著／創林社
『立原正秋 風姿伝』鈴木佐代子著／創林社
『立原正秋』高井有一著／新潮社
『追想 夫・立原正秋』立原光代著／角川書店
『身閑ならんと欲すれど風熄まず 立原正秋伝』武田勝彦著／ケイエスエス
『解放後 在日朝鮮人運動史』朴慶植著／三一書房
『越境する在日コリアン 日韓の狭間で生きる人々』朴一著／明石書店
『週刊東洋経済』二〇一六年一一月一九日号／東洋経済新報社
『金嬉老とオモニ』山本リエ著／創樹社
『金嬉老の真実 寸又峡事件の英雄の意外な素顔』阿部基治著／日本図書刊行会
『韓国の経済発展と在日韓国企業人の役割』永野慎一郎著／岩波書店
『韓国現代史 大統領たちの栄光と砂鉄』木村幹著／中央公論新社
『麻酔と蘇生 高度医療時代の患者サーヴィス』土肥修司著／中央公論新社

高月 靖（たかつき やすし）

ノンフィクションライター。多摩美術大学卒。デザイナー、編集者を経て独立。韓国、性など中心に、さまざまなテーマを扱う。
主著：『韓国の「変」コリアン笑いのツボ82連発！』バジリコ／『にほん語で遊ぶソウル』アドニス書房・河出書房新社／『たびことば 美味しい韓国語』技術評論社／『韓流ドラマ、ツッコミまくり』バジリコ／『南極1号伝説 ダッチワイフからラブドールまで 特殊用途愛玩人形の戦後史』バジリコ／『徹底比較 日本 vs. 韓国』河出書房新社／『ロリコン 日本の少女嗜好者たちとその世界』バジリコ／『もう一歩奥へ こだわりのソウル・ガイド 見て、買って、食べる』河出書房新社／『韓国芸能界裏物語 K-POPからセックス接待まで 禁断の事件簿』文芸春秋／『独島中毒』文芸春秋／『キム・イル 大木金太郎伝説』河出書房新社

在日異人伝

2018年7月20日　初版第1刷発行

著者　**高月 靖**
装丁　**高月 靖**
発行人　**長廻健太郎**
発行所　**バジリコ株式会社**
〒162-0054
東京都新宿区河田町3-15 河田町ビル3階
電話：03-5363-5920　ファクス：03-5919-2442
http://www.basilico.co.jp

印刷・製本　**中央精版印刷株式会社**

ISBN978-4-86238-239-9